KB131417

DMZ를 보고합니다

손안의 통일 ⓮

DMZ를 보고합니다

: 백령도부터 고성까지,
평화와 생명의 현장을 찾아서

(사)한국DMZ평화생명동산 외 지음

통일부
국립통일교육원

이 책은 국립통일교육원과 열린책들이
함께 기획·제작했습니다.

일러두기

• 이 책은 평화·통일 교육 참고 자료로 활용하기 위해 외부 전문가에 의해 제작된 것으로,
통일부의 공식 견해가 아님을 밝힙니다.

이 책은 실로 꿰매어 제본하는 정통적인 사철 방식으로 만들어졌습니다.
사철 방식으로 제본된 책은 오랫동안 보관해도 손상되지 않습니다.

이 책은 친환경 인증 용지에 콩기름 잉크로 인쇄했습니다.
표지 유니트 화이트 209g/㎡ **본문** 친환경미색지 95g/㎡ **면지** 뉴칼라 68 차콜색 128g/㎡

〈손안의 통일〉시리즈를 발간하며

어느덧 찬바람이 느껴지는 12월입니다. 시간은 정직하게 흘러 올해도 어김없이 북한산 자락에 겨울이 찾아왔습니다. 움츠러드는 우리들의 마음을 따뜻하게 녹여 줄 소식들이 어서 찾아오기를 기다리지만, 팬데믹은 여전히 지속되고 있습니다. 그래도 마른 풀 시든 꽃 사이에서 새싹이 움트듯 언젠가는 일상으로 돌아가리라는 희망을 간직하고 있습니다.

지금 세계는 인류사적 대전환기에 직면해 있습니다. 코로나19로 인해 그 방향성과 속도를 예측하기가 더욱 어려워졌습니다. 시시각각 소용돌이치는 불안정한 국제정세를 지켜보며, 평화·통일 교육에 몸담은 입장에서 일상의 평화에 대해 생각해 보게 됩니다.

코로나 팬데믹 이전 우리가 누리던 일상은 과연 〈진정〉 평화로운 일상이었을까요? 우리는 분단 70여 년을 살아오면서 민주주의와 경제 성장, 문화 부흥 등 많은 것을 이루었지만, 이러한 성장 동력을 지속적으로 유지하고 희망찬 미래를 건설하기 위해서는 좀 더 〈완전한 평화〉가 필요합니다.

한반도의 완전한 평화와 항구한 번영을 염원하는 마음으로 올해도 〈손안의 통일〉 시리즈를 발간합니다. 이번 〈손안의 통일〉 역시 인문학적 관점에서 평화·통일을 생각해 볼 수 있도록 생태·여행·영화 등 우리의 삶과 밀접한 주제를 선정했습니다. 이 작은 책이 여러분 삶의 자리 가까운 곳에서 끊임없이 통일에 대해 일깨우고, 평화를 염원하며 창조적 미래를 꿈꾸게 하는 길잡이가 되길 바랍니다.

평화로운 한반도에 대한 상상과 희망이 끊어지지 않고 계속해서 이어진다면, 언젠가 우리는 그 길을 따라 그곳에 도달할 수 있을 것입니다. 〈손안의 통일〉이 그 길을 밝힐 수 있는 길잡이가 되기를 바랍니다. 경험해 보지 못했던 지난 2년의 길고 단절된 차가운 시간이 언젠가 끝나리라는 희망

처럼, 이 책을 읽는 독자들의 마음에 진정한 평화·통일을
향한 희망이 굳건하게 자리 잡기를 바랍니다.

감사합니다.

2021년 12월

국립통일교육원장 백준기

〈손안의 **통일**〉 시리즈를 발간하며

머리말

언젠가부터 단풍잎돼지풀, 돼지풀, 가시박 등 외래식물이
DMZ 일원의 군 작전로와 하천변, 한강 하구 일대를 잠식
하고 토종식물의 서식처를 침범하고 있다. 이들은 환경부
가 지정한 〈생태계 위해 외래식물〉로 등록되어 있다. 외국
에서 온 식물이라고 모두 나쁘기만 할까? 그렇지는 않다.
외래식물 중에서도 유독 번식력이 강하여 주위에 다른 식
물이 자라지 못하게 하거나 꽃가루 알레르기 등을 유발하
는 식물에 한해 생태계 위해종으로 지정하여 퇴치하거나
관리하고 있다. 단풍잎돼지풀은 6·25 전쟁 중 군수물자에
실려 한반도에 유입된 것으로 알려져 있다. 북미가 원산지
이다. DMZ 일원의 하천변에서 크게 번성했고, 임진강변
과 춘천을 시작으로 서울 도심의 하천 부지 등 전국적으로
확산되었다.

(위) 김화 암정교의 단풍잎돼지풀
(아래) 가시박 ⓒ 위키피디아

10여 년 전 강원도 화천군 DMZ 일원의 북한강 상류 안동포 다리 일대의 강가에서 본 단풍잎돼지풀의 군락은 엄청났다. 키가 3~4미터에 이르고 강가를 온통 뒤덮고 있어 다른 식물은 찾아볼 수가 없었다. 더운 여름철에는 하루에 18센티미터나 자란다고 하니 다른 식물이 끼어들 틈이 없는 것이다.

한강 하구의 가시박 역시 기세가 대단하다. 북아메리카가 원산지인 1년생 식물로 보통 4~8미터 정도 자라지만 햇빛을 받기 위해 다른 식물을 감싸고 올라가 덮어 버리는 것이 문제다. 가시박이 타고 올라간 식물은 햇빛을 받지 못해 말라 죽게 된다. 한강 하구 습지보호지역으로 지정된 장항습지 등에서 가시박 제거 활동을 펼치고 있지만 한 그루가 1년에 2만 5,000여 개의 씨앗을 퍼뜨리기 때문에 완전 퇴치가 매우 어렵다.

DMZ 일원의 단풍잎돼지풀은 주로 하천변이나 도로변, 군부대 훈련장 주변 등에서 무리 지어 자라고 있다. 하천변은 홍수 등으로 환경 변화가 심하고, 도로변이나 훈련장 주변은 인위적으로 생태계가 교란된 곳이다. 주로 기존의 생태계가 훼손된 곳에서 먼저 자리 잡고 영역을 넓혀 나간다. 아무리 기세가 좋은 외래종이라도 토착 생태계가 안정된

곳에는 쉽사리 침투하지 못하기 때문이다.

DMZ는 조선 말 시작된 지배층의 내부 분열과 부패, 무능함, 그로 인한 국권 상실, 참혹한 전쟁의 아픔이 그대로 녹아 있는 역사적 현장이다. 그리고 휴전 후 오늘날에 이르기까지 남북의 대치와 남한 내의 갈등과 분열, 소모적인 색깔 논쟁이 불거지는 대결의 현장으로 남아 있다.

그러나 전쟁 후 70년 가까이 사람의 출입이 극히 통제되면서 DMZ 일원에는 다양한 동식물이 나고 자라고, 자연이 스스로 위대한 복원을 이루면서 생태계가 점차 살아나기 시작했다. 그러다가 김대중 대통령 시절 남아프리카공화국의 넬슨 만델라 대통령의 방문을 기념하여 DMZ 일원을 유네스코의 접경생물권 보전지역으로 지정하는 사업을 추진하면서 DMZ에 대한 관심도 점차 세계적인 차원으로 높아졌다.

DMZ 일원은 북쪽의 추운 지역에 사는 식물과 남쪽의 따뜻한 곳에 사는 식물이 만나는 점이 지대(漸移地帶)로 식물의 종 다양성이 풍부하다. DMZ에 접한 인제군만 하더라도 가는잎개별꽃, 개통발, 노랑만병초, 눈잣나무, 대택사초, 만주송이풀, 바람꽃, 배암나무, 비늘석송, 비로용담, 이노리나무, 장백제비꽃, 홍월귤, 버들까치수염 등 국내에서 유일하게 서식하는 식물이 14종이나 된다.

한반도 전체 면적의 1.5퍼센트에 불과한 DMZ와 민간인 출입통제구역에 국내의 전체 식물종 총 4,596종 가운데 42.1퍼센트에 이르는 1,935종이 살고 있으며, 환경부에서 지정한 멸종 위기 야생생물은 전체 239종 중 42.7퍼센트에 이르는 102종이 살고 있다.

반면 DMZ 일원에 대한 개발 욕구도 높다. DMZ에 접한 접경 지역 일대가 휴전 이후 지난 70여 년 동안 군사적·환경적 규제로 제약이 많고, 우리나라 농산어촌이 일반적으로 겪고 있는 고령화·빈곤화의 어려움에 봉착해 있어 발전이 더디고 삶의 질이 떨어지기 때문이다.

그래서 DMZ 일원의 발전을 명분으로 DMZ 일원을 관광 상품화하기 위해 크고 작은 여러 가지 개발 사업이 추진되어 왔다. 각 지역별 DMZ에 접한 전망대 신개축, 철원 평야의 평화문화광장, 화천의 백암산 케이블카, 양구 두타연 개발, 고성 DMZ 박물관 등의 안보 또는 생태관광 산업 활성화 사업과 남북의 경의선·동해선 철도와 도로 연결 사업, 동서 녹색 평화 도로 등 SOC 조성 사업이 추진되어 왔다.

그렇다고 지금까지 진행되었던 각종 사업과 정책이 모

두 지역 주민의 삶의 질을 향상시키는 데 큰 역할을 했다고 보기도 어렵다. 사실 DMZ에 대한 정책 협의와 결정이 현지 주민의 실정을 충분히 고려하지 못한 채 진행되어 왔기 때문이다.

최근 몇 년 동안 남북 정상회담, 북미 정상회담 등이 개최되면서 평화 시대의 도래와 남북 협력에 대한 기대가 높아졌고, 동시에 중앙정부와 지방정부 모두 DMZ 일원에 대한 다양한 사업을 앞다투어 제안하고 있다. 낙후된 접경지역의 지속 가능한 발전과 한반도 평화 정착을 위한 지역형 남북교류협력 사업은 중요하지만, 자칫 종합적인 원칙과 방침 없이 무분별한 개발로 이어질 수 있어 우려스럽다. 지난 70여 년 동안 보전·복원된 DMZ의 생태계를 순식간에 망가뜨릴 수도 있기 때문이다.

DMZ 일원은 구한말에서 오늘날까지 우리 역사의 고통과 아픔의 현장이자, 미래의 생명 사회를 준비할 수 있는 소중한 자원이다. 역사의 교훈을 기억하고, 자연 생태계의 중요성과 가치를 교육하고, 지속 가능한 접경 지역의 발전을 추구하는 장으로 삼아야 한다. 역사의 눈, 지역의 눈, 생명의 눈으로 보아야 DMZ를 제대로 볼 수 있다.

차례

3장   평화생명의 터전 DMZ

1장

DMZ의 지리와 생태계

1
DMZ의 지리
한국DMZ평화생명동산

일제의 패망과 남북의 분단은 결국 전쟁으로 이어졌다. 6·
25 전쟁 발발 1년 만인 1951년 7월 휴전협정 논의가 시작
된 이후 대부분의 전투가 현재의 DMZ 일대에서 치러졌
다. 휴전 논의가 진행 중이라 군사분계선을 유리하게 확보
하려는 양쪽의 전투가 치열했다. 대부분 고지를 탈환하기
위한 싸움이라 인명 피해도 심각했다. 향로봉 전투의 경우
8일간 총 64회의 전투가 발생했는데, 하루 8번 즉 3시간마
다 싸움이 일어났다. 8일 내내 제대로 잠도 못 자고 먹지도
못한 채 싸움만 한 셈이었다. 이처럼 DMZ 일대에서는 3년
1개월 중 2년 이상 전투가 벌어졌고, 오늘날에도 이곳은 6·
25 전쟁의 상처와 아픔의 상징으로 인식되고 있다.

 3년 1개월간의 긴 싸움이 끝나고, 드디어 1953년 7월
27일 정전(휴전)협정이 체결되었다. 그리고 협정 체결 당

(위) 철원 전선휴게소 앞 남방한계선 표지판
(아래) 인제 가령촌교 민간인 출입통제구역 경고판

시의 전선(戰線)을 경계로 군사분계선이 그어졌다. 군사분계선 즉, 휴전선은 임진강 하구에서 강원도 고성의 명호리까지 200미터 간격으로 세워진 표지판으로 표시되어 있었다. 표지판은 모두 1,292개였고 이 중 남쪽은 유엔사에서 696개, 북쪽은 596개를 관리했다. 그러나 잦은 충돌로 인해 관리를 멈춘 후에는 훼손되어 현재는 판문점을 제외하고 대부분의 지역에서 휴전선을 볼 수 없다. 휴전선을 기준으로 남쪽으로 2킬로미터, 북쪽으로 2킬로미터씩 후퇴하여 그어진 남방한계선과 북방한계선 사이의 공간이 DMZ이다.

DMZ는 비무장 지대Demilitarized Zone의 약자이다. 즉 무장을 하지 않은 곳, 무장이 금지된 지역이라는 뜻이다. 휴전 뒤, 서로 맞닿아 있으면 충돌 위협이 크고 다시 전쟁이 시작될까 봐 남과 북으로 멀찍이(폭 4킬로미터) 떨어뜨려 놓은 완충지대인 셈이다.

군사분계선 북쪽의 DMZ는 북한이, 남쪽은 유엔사가 관할하고, 대한민국에게는 관할권이 없다. 정전협정 당시 이승만 대통령이 북진 통일을 주장하며 정전협정에 반대하여 그 조인에 참여하지 않았기 때문이다. 국제연합군(유엔군) 총사령관 마크 W. 클라크, 중국인민지원군 사령원

팽덕회, 북한인민군 최고사령관 김일성이 정전협정 조인에 참여했다.

DMZ는 원칙적으로 군인은 출입할 수 없고, 무기도 최소한의 것으로 제한하는 등 군사적 무장을 할 수 없는 지역이지만, 실제로는 서로가 경무장의 약속을 위반하고 있는 중무장 지역heavily armed zone이다. 남과 북의 강력한 전투 무기들이 배치되어 있고, 헤아릴 수 없이 많은 지뢰도 매설되어 있다. 또한 군사분계선을 기준으로 남방한계선과 북방한계선을 2킬로미터로 정했지만 양측이 군사분계선 쪽으로 야금야금 전진하여 실제로는 2킬로미터 내의 지역도 있다. 이렇듯 DMZ는 과거 잦은 군사적 충돌, 남침용 땅굴, 강력한 무기 배치 등 남과 북이 첨예하게 대립하고 있는 군사적 긴장 지역이다.

한편 남한은 DMZ의 군사작전을 원활히 수행하기 위해 휴전선으로부터 10킬로미터 이내에 민간인 출입통제선(민통선)을 설정했다. 이 통제선 안의 구역을 민간인 출입통제구역이라고 부르며 현재 전체 면적은 1,249제곱킬로미터 정도이다. 민통선의 시초는 1954년 2월 미 육군 제8군단 사령관이 직권으로 설정한 귀농선(歸農線)이다. 귀농선은 말뜻 그대로 농사를 제한하는 선이다. 그러다

1958년 6월 한국군이 휴전선에 대한 방어 임무를 담당하면서 귀농선의 이북 지역에 대해서도 군사작전과 보안 유지에 지장이 없는 범위에서 출입영농과 입주영농을 허용했고, 그 명칭도 현재의 민간인 출입통제선으로 바뀌었다.

이렇게 휴전 이후 68년 동안 DMZ와 민간인 출입통제구역은 군인과 일부 영농인들 외에는 특별한 목적이 없는 한 출입이 통제되어 왔다. 군부대 시설말고는 일체의 개발이 제한되고, 그 덕분에 무분별한 개발에 의해 자연 환경이 크게 훼손된 후방과 달리 생태계가 보전·복원되었다. 인위적인 간섭이 극히 제한된 까닭에 자연 스스로 천이 과정(군락을 이루는 종들이 오랜 시간에 걸쳐 서서히 변해 가는 과정)을 거쳐 생태적 복원이 일어난 것이다.

DMZ 일원은 동고서저(東高西低)의 한반도의 지형적 특징을 잘 간직하고 있는데, 그 특징에 따라 크게 4개의 권역으로 나뉜다. 한강 하구와 서부 해안의 갯벌과 무인도서(無人島嶼), 철원과 연천의 중서부 내륙 지역, 철원의 적근산에서 고성의 건봉산까지 1,000미터 이상의 산봉우리가 연결된 중동부 산악 지역, 그리고 화진포호, 송지호 등의 석호가 잘 보전되어 있는 동해안 등 4개의 권역으로 나누고 있다.

동해안의 DMZ 내부

　동해안 비무장 지대와 민통선 지역은 해안을 따라 해빈
(사빈)과 해안사구, 석호, 충적습지가 차례로 나타난다. 이
러한 곳들은 지난 70여 년간 인위적인 간섭을 거의 받지 않
은 자연 상태의 모습을 그대로 간직하고 있으므로 그 보전
가치가 매우 크다고 볼 수 있다.

　특히 「선녀와 나무꾼」에서 선녀가 두레박을 타고 내려
와 목욕했다는 전설이 전해지는 감호와 김일성과 이승만
의 별장이 있는 화진포호, 송지호 등의 석호와 자연해안선
이 잘 남아 있다. 특히 석호는 지각 변동과 모래톱 등에 의
해 약 6000년 이전에 형성된 자연호수로 호수변 습지가 잘

발달되어 있다. 또한 담수와 해수가 섞여 있어 민물고기와 바닷물고기가 함께 살 수 있기 때문에 생물 다양성이 높다. 여러 면에서 희소가치가 큰 생태계라고 할 수 있다.

중동부 산악 지역은 DMZ 동서의 전 구간 중 DMZ와 민간인 출입통제구역의 폭이 가장 넓게 유지되는 곳이다. 고성군의 건봉산부터 철원군의 적근산까지 1,000미터가 넘는 산들이 늘어서 있으며, 반달가슴곰, 산양, 사향노루, 담비, 하늘다람쥐, 삵 등 멸종 위기에 처한 중대형 포유동물이 살고 있다. 인제 DMZ 일원의 대암산 용늪에는 남한에서 유일하게 비로용담, 대암사초, 개통발 등의 식물이 서식하고 있고, 향로봉으로 오르는 군사작전로 사면에는 우리나라에서 가장 큰 규모의 왜솜다리 서식지가 있다.

또한 한반도의 광역 생태축인 DMZ와 백두대간이 교차하는 향로봉 일대는 한반도의 대표적인 생태 지역이며, 설악산 생물권보전지역, 강원 생태평화생물권보전지역, 금강산 생물권보전지역 등 유네스코의 국제적인 보호 지역이 연결되는 곳이다.

중서부 내륙 DMZ 일원은 한탄강 유역과 화산 지형의 영향을 받은 철원 평야 일대를 말한다. 철원 평야는 넓은 논과 겨울에도 얼지 않는 하천이 있어 국제적으로 아주 희

(위) 철원 평야 상공 위의 두루미
(아래) 판문점 일대 비무장 지대 숲

귀한 두루미(멸종 위기 야생동물 1급, 천연기념물 제202호)의 중요한 월동지이다. 전 세계 15종의 두루미 중 7종의 두루미를 한곳에서 볼 수 있는 지역은 지구상에서 철원 평야가 유일하다. 우리나라에 찾아오는 두루미는 전 세계적으로 1,850마리(국제자연보전연맹IUCN, 2019)로 알려져 있는데, 이 중 1,655마리(2019-2020 환경부 겨울 철새 동시 센서스)가 DMZ 일원에서 서식하고 있다. 또한 철원 평야는 매년 약 10만 마리 이상의 쇠기러기가 찾아오는 국내 최대의 쇠기러기 도래지이기도 하다. 비무장 지대 안팎에 잘 발달된 습지, 한탄강과 임진강 중류의 계곡 및 주변의 산악지대가 다양한 서식지를 제공하고 있어서 생물 다양성이 매우 뛰어나다.

한강·임진강 하구와 서부해안 DMZ 일원은 한탄강과 임진강이 합류하는 지점부터 임진강 하류 유역과 한강 하구, 강화도와 그 주변의 작은 섬 등을 포함한다. 생태적으로 우수한 습지가 곳곳에 분포하고 있으며, 습지를 기반으로 저어새, 재두루미, 개리 등 멸종 위기종을 포함하여 100여 종의 조류가 서식한다. 특히 한강 하구는 국내 유일의 자연 하구로서 환경부는 2006년 김포대교에서 강화 북단 숭뢰리까지의 구간을 한강 하구 습지보호지역으로 지정했고, 2021년 고양시 장항 습지 일대가 람사르 습지(전 세계를 대상으로 습지로서의 중요성을 인정받아 람사르 협회가 지정·등록하여 보호하는 습지)로 등재되었다.

서부 해안에는 석도, 비도, 역도 등 저어새 번식지, 백령도 주변의 점박이물범 서식지, 대청부채 자생지 등 우수한 생태계가 남아 있다.

2
DMZ의 생태계
한국DMZ평화생명동산

다양한 생태계가 공존하는 멸종 위기 야생생물의 보고

DMZ와 민간인 출입통제구역은 산악 지대, 초지, 내륙 습지, 하천, 한강 하구, 해양 생태계가 공존하는 복합 생태계로서 생태적 다양성이 풍부하다. 2020년 국립생태원의 연구 결과에 의하면 DMZ 일원에는 멸종 위기 야생생물 102종을 포함하여 총 6,373종의 생물이 사는 것으로 확인되었다. 식물 1,935종, 포유류 47종, 조류 283종, 양서파충류 34종, 어류는 바닷물고기를 제외하고 132종, 육상곤충 3,153종, 저서성대형무척추동물 473종이다. 환경부가 지정한 멸종 위기 야생생물의 42.7퍼센트가 살고 있으며, 특히 멸종 위기종 가운데 양서파충류가 75퍼센트, 조류가 71.4퍼센트, 포유류가 60퍼센트에 달하는 등 생물 다양성이 아주 뛰어난 지역이다.

특히 우리나라는 비슷한 면적의 다른 나라에 비해 식물의 종류가 다양하다. 지리적으로 남북으로 길게 뻗어 있어 (백두산부터 제주도까지) 남쪽과 북쪽의 온도 차가 크고, 동고서저의 지형에 따라 형성된 산과 평야, 삼면을 둘러싼 바다와 수천 개의 섬, 그리고 사계절이 뚜렷한 기후의 영향을 받기 때문이다. 특히 DMZ 일대는 남쪽의 따뜻한 기후에 사는 식물과 북쪽의 추운 지방에 사는 식물의 서식지가 겹치는 지역으로 식물 종이 한층 풍부하다. 장기적 측면에서도 식물과 곤충 등 생물자원의 보전과 연구, 현명한 이용에 있어 매우 중요한 지역이며, 시간이 지날수록 그 생태적 가치는 더욱 커질 것이다. 특히 중동부의 산악 지역은 점차 원시림으로 변할 것으로 예측되고, 동식물의 서식지는 더욱 안정화될 것이다.

실제로 DMZ와 민간인 출입통제구역이 없었더라면 저어새, 두루미, 사향노루 등은 한반도에서 이미 멸종했을 것이다. 저어새는 지구상에 2,500여 마리 남아 있는 국제적인 멸종 위기종으로 서해 북방한계선(NLL) 일대의 무인도가 유일한 번식지이다. 봄에 무인도에 알을 낳아 키우다가 가을이 되면 홍콩, 대만, 필리핀, 마카오 등으로 이동하여 겨울을 지내고 이듬해 다시 찾아온다. 과거에는 한강 하

구분	대한민국		DMZ 일원			
	전체 종수	멸종 위기종 수	전체 종수	비율(%)	멸종 위기종 수	비율(%)
식물	4,596종	88종	1,935종	42.1%	18종	20.5%
포유류	89종	20종	47종	52.8%	12종	60.0%
조류	545종	63종	283종	51.9%	45종	71.4%
양서파충류	54종	8종	34종	63.0%	6종	75.0%
어류	213종	27종	132종	62.0%	12종	44.4%
육상곤충	19,249종	26종	3,153종	16.4%	8종	30.8%
저서성대형무척추동물	1,172종	6종	473종	40.3%	1	16.7%
거미	896종	1종	316종	35.2%	-	-
합계	26,814종	239종	6,373종	23.7%	102종	42.7%

* 국립생물자원관의 2018년 멸종 위기 종 목록 기준으로 작성. 국내 멸종 위기종 267종 중 해산종, 해조류(2종), 고등균류(1종)
제외
* 어류는 해산종 제외
* 저서성대형무척추동물은 국립생물자원관에서 세부적으로 분류하고 있지 않아 제4차 전국 자연환경 조사 지침의 기준을 따름. 목록 가
운데 멸종 위기종 수만 포함
* DMZ 일원의 멸종 위기종 육상곤충(8종) 기준이며 4종은 저서성대형무척추동물(성충: 유충)과 중복

[표 1] DMZ 일원의 생물상 현황(국립생태원, 2020년 기준)

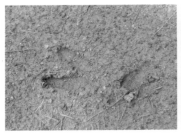

산양 발자국

수달 발자국

멧토끼 배설물

긴다리쇠똥구리

구와 서해안 갯벌에서 흔하게 볼 수 있었는데, 각종 개발로 서식지를 잃고 점점 밀려나면서 현재는 군사 지역인 북방 한계선 일대의 무인도에서만 관찰할 수 있다.

한반도 광역 생태 축의 하나

DMZ와 민간인 출입통제구역은 한반도의 동서를 이어 주는 유일한 생태 통로로 폭이 넓고 연결성이 우수하다. 남북 생태 축인 백두대간과 서해 연안 갯벌과 더불어 한반도의

분야	등급	종명	종 수
식물	1급	-	-
	2급	가는동자꽃, 가시오갈피나무, 기생꽃, 날개하늘나리, 노랑붓꽃, 단양쑥부쟁이, 닻꽃, 대청부채, 독미나리, 매화마름, 복주머니란, 백부자, 분홍장구채, 산분꽃나무, 산작약, 솔붓꽃, 정향풀, 조름나물	18종
포유류	1급	산양, 사향노루, 수달, 붉은박쥐, 반달가슴곰, 작은관종코박쥐	6종
	2급	담비, 물개, 물범, 무산쇠족제비, 삵, 하늘다람쥐	6종
조류	1급	검독수리, 노랑부리백로, 두루미, 매, 저어새, 참수리, 호사비오리, 혹고니, 황새, 흰꼬리수리	10종
	2급	개리, 검은머리물떼새, 검은머리촉새, 검은목두루미, 고니, 긴꼬리딱새, 긴점박이올빼미, 까막딱다구리, 노랑부리저어새, 독수리, 뜸부기, 무당새, 물수리, 벌매, 붉은배새매, 붉은어깨도요, 새매, 새호리기, 솔개, 쇠검은머리쑥새, 수리부엉이, 알락개구리매, 알락꼬리마도요, 양비둘기, 재두루미, 잿빛개구리매, 조롱이, 참매, 큰고니, 큰기러기, 큰덤불해오라기, 큰말똥가리, 흑두루미, 흰목물떼새, 흰죽지수리	35종

양서파충류	1급	수원청개구리	1종
	2급	구렁이, 금개구리, 남생이, 맹꽁이, 표범장지뱀	5종
어류	1급	흰수마자	1종
	2급	가는돌고기, 가시고기, 꾸구리, 다묵장어, 돌상어, 묵납자루, 버들가지, 연준모치, 열목어, 칠성장어, 한둑중개	11종
육상곤충	1급	-	-
	2급	애기뿔소똥구리, 왕은점표범나비, 은줄팔랑나비, 참호박뒤영벌	4종
저서성 대형무척추동물	1급	-	-
	2급	노란잔산잠자리, 대모잠자리, 물방개, 물장군, 염주알다슬기	5종
합계			102종

* 1974~2020년까지 DMZ 일원 멸종 위기 야생생물 누적 종 수
[표 2] DMZ 일원의 멸종 위기 야생생물 종 목록(국립생태원, 2020년 기준)

3대 광역 생태 축의 하나이며, 다른 두 생태 축과도 이어져 있다. 이런 서식지의 연결성과 거대한 생태계 영역은 DMZ 이남에서는 볼 수 없는 대형 포유류 즉, 반달가슴곰, 산양, 사향노루 등이 살아갈 수 있는 서식 공간을 제공한다.

2018년 10월 인제 지역의 DMZ 내부에서 생후 8~9개월 된 반달가슴곰 새끼가 환경부가 설치한 무인카메라에

촬영된 것이 보도되었다. 1983년 5월, 설악산 반달곰을 마지막으로 한반도 남부 지역에서는 야생 반달곰이 거의 멸종한 것으로 알려져 있었다. 그러다 2000년 진주 MBC가 지리산에서 반달가슴곰을 촬영하여 야생 곰의 실체가 확인되었고, 이후 2004년부터 국가(환경부)에서 종 복원 사업을 진행해 오고 있었다. 그런데 다시 비무장 지대 내부의 야생에서 반달곰이 발견된 것이다. 과거에도 심심치 않게 DMZ 일원에서 곰을 목격했다는 증언이 있었는데, 이번에는 확실한 증거가 나온 셈이다. 이처럼 DMZ 일원은 멸종 위기에 처한 중대형 포유동물의 생존에도 적합하고 복원·증식에도 안성맞춤이다.

자연이 스스로 복원한 하천과 습지 생태계

DMZ는 68년간 민간인의 출입이나 개발이 극히 제한되었기 때문에 전쟁 이전의 논이나 취락 지역 등이 자연 스스로 천이 과정을 거쳐 습지로 바뀌는 생태적 복원이 일어났다. 연천군 DMZ 내부의 사미천 습지와 인제군 민간인 출입통제구역의 가전리 습지가 대표적이다. 북한의 장풍군 자라봉에서 발원하여 DMZ를 가로지르는 사미천은 DMZ 내부의 연천 평야를 굽이굽이 흐르는 자연 하천의

연천 DMZ 내부의 사미천 습지

전형적인 모습을 갖고 있다. 전쟁 전 벼농사를 짓던 농경지
가 70여 년간 자연의 힘으로 넓은 평야를 뱀처럼 가로지르
는 자연스러운 하천과 습지로 복원된 것이다. 특히 사미천
은 영하 15도의 기온에서도 물이 얼지 않아서 매년 두루미
40~50마리, 독수리 20여 마리가 월동하고 있다. 2007년
환경부의 DMZ 내부 생태계 조사에서는 재두루미의 모습
도 관찰된 바 있고, 국내의 두루미 서식지 중 가장 자연스
러운 경관을 보여 주는 곳으로 평가받는다. 만약 우리가 이
러한 자연적인 복원 사례를 면밀하게 조사·연구하여 심각
한 훼손 지역의 생태계 복원 모델로 적용할 수 있다면 세계

적으로 중요한 연구 가치를 지닐 것이다.

또한 DMZ 일원의 강과 하천에는 총 132종의 어류가 서식하고 있는데, 이는 한반도 전체 담수 어종의 62퍼센트에 해당하는 높은 비율이다. 멸종 위기종도 12종이나 서식한다. 이렇듯 세계에서 유례를 찾아보기 힘든 DMZ 일원의 보전·복원된 자연 생태계는 우리 민족의 보고이며, 세계 인류를 위해서도 보호되어야 할 소중한 자산이다.

DMZ 생태 이야기

1
서해 연안: 백령도
황해물범시민사업단장 박정운

서해 5도의 생물지리학적 중요성

서해 5도는 북방한계선에 인접한 백령도, 대청도, 소청도, 연평도, 우도 등 5개의 섬과 인근 해역을 포함하는 지역이다. 〈서해 5도 지원 특별법〉 등에서는 유인도를 중심으로 백령도, 대청도, 소청도, 대연평도, 소연평도의 5개 섬을 서해 5도라 칭하기도 한다.

서해 5도에는 지질학적 가치가 높은 현무암 분포지는 물론, 해안단층과 해안절벽, 대규모 모래 해안과 사구 등이 형성되어 있어, 그 학술적 가치와 함께 빼어난 경관도 보여 준다. 또한 한반도의 북방계 및 남방계 생물의 연결 지역으로 생물지리학적·생태학적 가치가 높은 지역이다. 이 지역은 서해안을 따라 이동하는 철새들의 주요한 이동 경로이기도 해서 황새, 저어새, 노랑부리백로, 매, 흰꼬리수

(위) 북방한계선의 점박이물범. 뒤쪽으로 북한 땅이 보인다. ⓒ 박정운
(아래) 휴식 중인 점박이물범 ⓒ 박정운

리, 회색머리노랑딱새, 갈색지빠귀 등 다수의 멸종 위기종과 미기록종이 관찰되고 있다. 특히 백령대청권은 멸종 위기종인 점박이물범의 한반도 서해 최대 서식지이며, 대청도와 백령도 바닷가에서만 발견되는 대청부채가 서식하고 있다.

점박이물범의 집단 서식지, 백령도

백령도에는 해양 포유류인 점박이물범이 집단 서식한다. 봄부터 늦가을까지 매년 300여 마리가 찾아와 머물다 간다. 2008년 4월 15일 문화재청 고시가 있기 전까지 백령도 점박이물범은 물범, 잔점박이물범, 점박이바다표범, 점박이해표 등으로 혼재되어 불려 왔다. 그러나 유전자 분석 결과 Phoca largha로 확인되었고, 영어 명칭인 Spotted seal과 일치하는 점을 고려하여 그동안 물범Phoca vitulina largha으로 되어 있던 명칭을 점박이물범Phoca largha으로 정리하였다.

백령도에 서식하는 점박이물범은 서해와 동해, 오호츠크, 캄차카반도, 베링해, 알래스카 연안 등에 분포하는 무리 중 서해 개체군에 속한다. 그동안 서해 지역의 점박이물범은 빙하기 무렵 고황하 유역에 격리되어 이 지역을 중심으로 서식해 온 독특한 개체군으로 알려져 왔다. 그러나 최근 서해와 북태평양에 서식하는 두 개체군 중 일부가 서해와 동해를 왕래하고 있는 것으로 밝혀졌다. 2013년 5월 경북 월성에서 구조된 점박이물범을 치료 후 위성 추적 장치를 부착하여 방류한 결과 러시아 연해주 인근의 물범 번식지에서 약 5개월 동안 머문 다음 다시 남하하여, 남해안과 서해를 거쳐 랴오둥반도 연안으로 북상한 것이 최초로 확인되었다. 다시 말해, 서해와 동해에 서식하는 점박이물범이 동일 개체군이거나 개체군 분화가 비교적 최근에 이루어졌을 가능성이 있다.

서해 개체군의 번식지는 전 세계 번식지 중 최남단(남방한계선)인 보하이(渤海)만에 위치하고 있다. 이 지역의 점박이물범은 번식기인 겨울철에는 중국 보하이 랴오둥만의 얼음 위에서 활동하고, 이듬해 3월부터 새끼들을 데리고 남하하여 봄부터 늦가을까지 백령도에서 먹이를 구하고 휴식을 취한다. 이처럼 번식지와 서식지를 오가는 회유성 동물인 점박이물범은 늘 이용하던 장소에 대한 충성도가 높아 매년 똑같은 서식지를 찾아온다.

백령도 서식지에는 점박이물범이 휴식할 수 있는 세 곳의 자연 바위와 인공 쉼터 한 곳이 있다. 하늬바다 물범바

점박이물범의 어린 개체 © 박정운

위와 인공 쉼터, 연봉바위, 두무진 물범바위 등이다. 하늬
바다 물범바위는 백령도의 북동쪽에 위치하며 경사가 완
만한 세 개의 작은 바위로 형성되어 있다. 바위 주변에는
먹이가 풍부하여 점박이물범을 가장 많이 관찰할 수 있다.
연봉바위는 대청도와 백령도 사이에 위치한 바위섬이다.
경사가 가파르고 물범이 올라가 휴식을 취할 만한 면적이
작다. 물범바위보다는 적은 수의 점박이물범이 서식한다.
백령도의 북서쪽에 위치한 두무진 주변에는 쉴 만한 바위
가 드물고 파고가 높아 휴식지로 적당하지 않다. 다만 먹이
가 풍부해서 점박이물범들이 자주 찾는 곳이다.

2장 DMZ 생태 이야기

점박이물범은 다양한 어류와 갑각류 및 두족류를 즐겨 먹는데 백령도에서는 주로 쥐노래미, 조피볼락(우럭), 까나리 등을 잡아먹는다. 점박이물범은 먹이를 찾기 위해 하루에도 100킬로미터 이상을 유영할 수 있고, 300미터까지 잠수할 수 있다고 한다. 지난 2016년 백령도에서 위성 추적 장치를 부착 후 방류한 점박이물범 〈복돌이〉는 방류 직후 백령도 인근 북한 수역인 황해도 옹진군 일대에 잠시 머물렀다가 강화도를 거쳐 영종도까지 이동했다. 이후 북상하여 대청도와 백령도를 지나 평안남도 남포시에 머물다가 중국 해역으로 넘어갔다.

멸종 위기에 처한 점박이물범

이처럼 활동 범위가 넓고 서해 전역이 서식지인 점박이물범은 현재 멸종 위기에 처해 있다. 1940년대 서해 전체에 약 8,000마리가 서식했던 것으로 알려졌으나 가죽, 약재, 고기 등을 얻기 위해 자행된 남획으로 인해 1980년대에 2,300마리로 급감했고, 1990년대 이후 600마리 미만으로 감소했다가 최근 1,500마리 정도를 유지하고 있다. 최근에는 번식 지역의 개발, 환경오염, 불법 밀렵, 서식 지역의 어업 갈등 그리고 기후 변화와 지속적인 지구 온난화가 얼

음 위에서 출산과 육아를 하는 점박이물범의 생존에 심각한 위협이 되고 있다.

보하이만의 결빙 상태는 점박이물범의 번식과 서식을 위한 필수 조건 중 하나이다. 점박이물범의 주요 번식지인 랴오둥만의 경우, 결빙 지역과 결빙 기간이 그들의 번식 지역과 번식 기간과 일치하는 것으로 알려져 있다. 매년 겨울(약 4개월)의 결빙 기간 동안 점박이물범들은 얼음 위에 누워서 휴식을 취하는데, 기후 변화와 유전 개발, 항해하는 선박 등에 의해 얼음이 녹거나 오염되면 점박이물범의 번식 활동에 악영향을 미칠 수밖에 없다. 또한 점박이물범과 같은 대부분의 기각류(다리가 지느러미로 변한 해양 포유류)는 주로 먹이가 풍부하고 표층 수온 섭씨 20도 미만의 차가운 해역을 선호한다. 백령도 해역은 서해 냉수대의 영향으로 연중 표층 수온이 낮은 편인데, 만약 해류의 흐름이나 유빙의 분포가 바뀌어서 표층 수온이 영향을 받을 경우 점박이물범의 생존도 위협받는다.

이러한 이유로 서해 지역 점박이물범의 번식지와 서식지에 대한 현황 파악과 세밀한 모니터링, 환경 변화 요인에 대한 연구가 절실하다. 남북한은 물론 중국과의 공동의 노력이 요구되는 이유이기도 하다. 또한 〈서해 지역 점박이

점박이물범 보호 캠페인을 벌이고 있는 백령중고등학교 점박이물범 탐구 동아리 © 박정운

물범 보호 관리 계획〉에 대한 통합적 접근을 통해 전체 서식지 간의 생태적 연결성을 구축할 필요가 있다. 이런 노력이 병행되어야만 기후 변화와 개발 압력으로부터 멸종 위기에 처한 서해 지역의 점박이물범을 보호할 수 있다.

물론 정부뿐만 아니라 번식지와 서식지의 지역 주민들의 관심과 협력이 뒷받침되어야 한다. 실제로 백령도에서는 정부와 환경 NGO, 지역의 청소년과 주민 모임이 점박이물범 보호를 위해 함께 협력하고 있다. 물범류 중에서 우리 바다에서 유일하게 볼 수 있는 점박이물범이 과거 독도 강치처럼 사라지지 않길 바라기 때문이다. 이를테면 백령

2장 DMZ 생태 이야기

중고등학교 〈점박이물범 탐구 동아리〉와 〈점박이물범을 사랑하는 사람들의 모임〉에서는 인공 쉼터 주변의 점박이물범 모니터링, 서식지 일대의 해양 쓰레기 수거 및 환경 보호 캠페인, 지속적인 교육 활동 등을 진행하고 있다. 이런 노력들을 통해 주민들은 남북 갈등과 분쟁의 현장이었던 백령도가 남북을 자유롭게 오가는 점박이물범을 통해 평화와 생태적 공간으로 탈바꿈하기를 기대하고 있다.

2
서해 연안: 강화갯벌

강화도시민연대 생태보전위원장 김순래

들어가며

고려 고종 19년(1232년)에 무신들의 강요로 대몽항쟁의 중심을 개성에서 강화로 옮겼다. 당시 강화에는 강화도, 고가도, 황산도, 송가도, 석모도, 매음도, 주문도, 미법도 등 수많은 섬이 있었고, 모든 섬의 해안선은 굴곡이 심하고 복잡한 리아스식 해안이었다. 오늘날 강화 관광객이 자주 찾는 전등사와 동막 해수욕장은 당시만 해도 길화교 수로를 경계로 해서 각각 강화도와 고가도로 불리는 서로 다른 섬에 속해 있었다.

아주 먼 옛날 강화는 캄브리아기 경기변성암복합체와 중생대 대보 화강암으로 구성된 크고 작은 섬으로 구성되어 있었다. 강화는 한강의 물이 서해로 빠지는 입구에 위치하는데, 큰 줄기는 거칠게 내닫다가 임진강과 만나 조강을

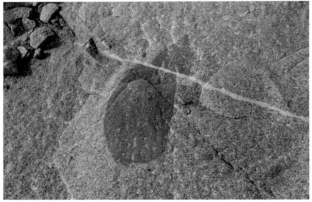

(위) 조선 시대의 「팔도군현지도」 중 강화 지도 ⓒ서울대 규장각 한국학연구원
(아래) 동막 해변의 대보 화강암

이루고 한 줄기는 강화 해협[1]으로 빠지고 또 다른 줄기는 예성강과 합쳐진다. 그리하여 강화강 하구의 전형적 특징인 넓은 삼각주가 발달했고 크고 작은 섬 주변에는 한강의 퇴적물이 쌓인 넓은 갯벌이 있었다.

고려 고종이 강화 천도 이후에 동쪽 해안에 둑을 쌓고 간척을 시작했으며, 조선 후기와 일제강점기를 거치면서 굴곡이 있고 조수 간만의 차가 큰 강화 대부분의 연안들을 간척했다. 이 시기에 크고 작은 섬들이 연결되었는데, 강화도, 교동도, 석모도 세 개의 큰 섬을 중심으로 먼 바다에 작은 섬이 점점이 떠 있는 현재 강화의 모습은 이때부터이다.

작은 만을 중심으로 발달하던 갯벌이 간척으로 없어진 듯하지만 억겁의 세월을 버텨 온 한강이 지금도 흐르듯, 강

---

[1]   강화 해협은 『고종실록』의 프랑스 침입 내용에 기록되어 있다. 염하(鹽河, 소금강)는 강화 해협의 별칭으로 1873년 앙리 쥐베르가 프랑스 잡지 『르 투르뒤몽드』에 기고한 「조선 원정기」에 강화 해협을 〈Rivière Salée〉로 부르게 된 경위를 기록하고 있다(1866년 9월 프랑스 해군이 강화 지역의 해도 작성 과정에서 이 이름으로 부름). 1867년 일본 해군성 수로국은 프랑스 해도를 참고하여 「고려 서안 염하지도(高麗 西岸 鹽河之圖)」를 발간했다. 미국 해군사편찬협회가 발간한 「1871년 해병대의 한국 상륙작전」에도 〈Salee River〉가 등장하며, 조선총독부에서 1918년에 제작한 지형도에 염하로 기록되었다. 2000년을 전후하여 『신편 강화사(강화군)』를 비롯한 각종 논문, 보고서, 탐방 기사, 칼럼, 여행기 등에 〈염하〉의 사용 빈도가 급증하고 있으며, 현재 이 이름으로 굳어지고 있다.

화에는 또 다른 넓은 갯벌이 만들어지고 있다. 그렇게 달과 태양이 끊임없이 지구를 당겼다 놓기를 반복하면서 생겨난 갯벌은 그때나 지금이나 수많은 생명을 품고 있다.

2006년 조금 이른 여름의 어느 날. 강화 분오리 돈대(墩臺)에 작은 무대가 만들어지고 주변에 주둥이가 주걱처럼 생긴 새 사진이 여러 장 놓였다. 강화 주민과 관광객이 우리나라에 서식하는 저어새와 처음 만난 날로 기억한다. 생태광장[2] 학생들의 활동에 전환점을 만든 날이기도 하다. 생태광장 학생들은 이 일을 계기로 학교별로 저어새, 갯벌, 두루미 모니터링을 시작했고, 연합 활동으로 연안 정화, 갯벌 보존 홍보 활동을 펼쳐 오고 있다.

강화 갯벌을 걷다

보통의 길이라면 흔히들 〈뚜벅뚜벅〉 걸어간다고 한다. 그러나 갯벌에서는 〈끙~끙〉 걸어간다. 발소리가 아닌 입으로 내는 소리만 갯벌에 가득하다. 강화 여차리 갯벌은 〈천

---

2 2000년부터 강화도 시민 연대에서 운영하는 강화 지역 청소년 연합 환경 동아리. 철새와 갯벌 모니터링, 연안 정화 활동, 하천 살리기 활동 등을 해왔고, 그 공로로 환경부 장관상, 해양수산부 장관상을 수상했다. 2021년 현재까지 활동 중이다.

연기념물 제 419호 강화 갯벌 및 저어새 번식지)[3]로 지정 관리되고 있는 곳이다. 갯벌 조사를 위해 제방에 앉아 신발을 갈아 신노라니 물이 빠지는 갯벌 끝에 도요새 무리가 부지런히 입질을 하고 바닥이 드러난 갯벌 위에 괭이갈매기가 한가롭게 쉬고 있다. 물이 조금 더 빠지면 도요새 무리는 물이 덜 빠지는 장봉도나 영종도 갯벌로 이동한다. 이때부터 갯벌 조사의 고행길이 시작된다. 갯벌 입구에는 건간망(建干網)을 걷으러 가는 트랙터 자국이 뚜렷하다. 우리도 그 자국을 따라 발길을 잡지만 입구에서부터 갯벌이 우리 발을 깊숙이 잡아당긴다. 〈어이쿠〉 하면서 균형을 잃는 경우가 한두 번이 아니다.

갯벌에 한 발을 들여 놓자 황급히 달아나는 칠게가 보인

---

3   강화의 남부 지역과 석모도, 볼음도 등 주변의 섬 사이에 있는 갯벌을 말한다. 우리나라에서 보존 상태가 양호한 얼마 남지 않은 갯벌이다. 경제적 생산성은 물론 자연 정화 능력도 뛰어나 해양 생태계의 보물 창고로서 여겨진다. 또한 철새의 이동 경로상에서도 매우 중요한 지역이다. 시베리아, 알래스카에서 번식하는 철새가 일본, 호주, 뉴질랜드로 이동하는 중에 먹이를 섭취하고 휴식을 취하는 중간 휴게소에 해당하며, 세계적으로 희귀종인 저어새도 번식하고 있다. 면적은 450제곱킬로미터로 단일 문화재 지정 구역으로는 한국에서 가장 넓으며, 갯벌 보존과 저어새의 서식 환경을 보호하기 위해 천연기념물로 지정하여 보호하고 있다. 갯벌 안의 비도와 석도는 번식지 보호를 위해 공개 제한 지역으로 지정되어 있다. 관리 및 학술 등의 목적으로 이곳을 출입하고자 할 때에는 문화재청장의 허가를 받아야 한다.

(위) 황산 갯벌 간조 모습
(아래) 황산 갯벌 만조 모습

다. 물 빠진 갯벌에서 먹이를 먹고 일광욕을 하던 칠게들이 순식간에 굴로 숨어 버리고, 몇 마리는 물속에 들어가 긴 눈자루를 세우고 우리의 동태를 살핀다.

조사 정점은 네 곳이다. 정점 간 거리는 1킬로미터. 이제 첫 번째 정점을 향해 출발한다. 물웅덩이에 왕좁쌀무늬고둥이 한 가득이다. 죽은 망둥어를 먹고 있다. 갯벌 사체를 처리해 주는 고마운 친구들이다. 갯벌 사체를 처리해 주는 다른 생물은 갯강구이다. 사람들은 다리가 많이 달린 벌레를 보면 지레 기겁한다. 갯강구도 다리가 많고 매우 빨라 사람들이 멀리하고 싶은 동물 중 하나이다. 그러나 갯강구 입장에서 보면 그런 사람들이 더 무섭다. 그래서 인기척만 나면 이리저리 혼비백산 흩어지며 바위 뒤로 숨는다. 갯강구는 벌레가 아닌 절지동물 갑각아문에 속하는데, 그러니까 바퀴벌레(절지동물 바퀴목)보다는 게에 더 가깝다.

물이 약간 잠긴 갯벌 위에는 무언가 어지럽게 긁힌 자국이 얽혀 있다. 그 끝을 따라가면 펄을 잔뜩 뒤집어쓴 민챙이가 곁에 사람이 오든지, 갈매기가 날든지 무심하게 유기물을 먹고 있다. 만지면 미끈미끈하고 물컹해서 기름 묻은 돼지 목살 같은 느낌이지만 명색이 고둥하고는 사촌 사이로 몸속에 방패 모양의 패각을 가지고 있다. 갯벌에서 오염

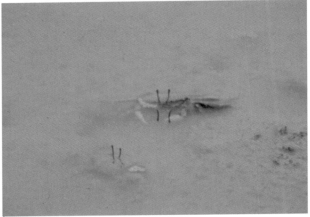

(위) 칠게 무리
(아래) 물속에 숨어 있는 칠게

물질을 제거하는 일등 공신이다.

민챙이의 개체 수는 계속 줄어들고 있는데, 우리에게는 그저 갯벌에 사는 생물이지만 중국에서는 맛있는 요리 재료로 이용된다고 한다. 판매업자들이 도시에서 사람까지 고용해 어획하거나, 지역 어민들을 부추겨 봄 산란철 전후로 싹쓸이한다고 한다. 중앙 정부의 해당 부서에 대책 마련을 요구해도 〈보호생물[4]이 아니어서 방법이 없다〉는 허무한 답변만 돌아온다.

물이 빠지는 속도에 맞춰 발걸음을 옮기다 보면 죽은 조개와 고둥 껍질이 가득하다. 다른 데 살다가 죽은 후 바닷물에 쓸려 왔는지, 아니면 그 자리에서 죽어 갯벌 위로 떠올랐는지 알 길은 없다. 그런데 죽은 고둥 사이에도 살아 움직이는 고둥이 있다. 움직임이 보통 고둥보다 빠르고, 슬쩍 들어 보면 다리와 머리를 고둥 속으로 쏙 집어넣고 작은 눈만 말똥거린다. 일명 소라게라고 불리는 집게이다. 죽은 생명에 기대어 살아가는 또 다른 생명인 셈이다. 영혼은 비

---

4   해양수산부는 환경 오염으로 인한 서식지 감소와 무분별한 남획 또는 혼획으로 개체가 급감한 생물을 보호 대상 해양 생물로 지정하여 관리하고 있다. 2021년 현재 80종이 지정되어 있으며, 강화 갯벌에서는 상괭이, 달랑게, 흰발농게, 흰이빨참갯지렁이, 검은머리물떼새, 노랑부리백로, 알락꼬리마도요, 저어새 등이 보호를 받고 있다.

(위) 민챙이를 잡는 어민
(아래) 민챙이를 수거하는 모습

록 떠났지만 마치 장기를 기증하듯 뭇 생명에게 자신의 껍질을 내어주고 또 다른 생명을 살리는 갯벌의 생태계가 경이롭다.

정점 1에 도착했다. 무려 1킬로미터를 걸어 나왔지만 아직도 발밑은 깊고 미끄럽다. 방형구를 펼치고 기록지를 꺼낸다. 〈Nas 둘, Prn 셋, Dio 하나〉[5] 관측자와 기록자가 호흡을 맞추어 생물종을 기록한다. 제자리에 가만히 서서 작업을 하려니 갯벌은 자꾸 우리를 밑으로 끌어당기고, 이제 발목 위까지 펄 속에 묻혔다. 발을 간신히 잡아 빼고 갈퀴를 준비한다. 갈퀴를 이용하여 펄을 뒤집으며 살피는데, 무언가 빠르게 더 깊은 펄 속으로 숨는다. 갈퀴로 조심스럽게 흔적을 따라간다. 그러자 연한 초록빛 등에, 사다리꼴로 붙어 있는 두 쌍의 눈이 매우 공격적으로 보이는 갯지렁이가 나타난다. 길도 없는 갯벌 속을 누비지만 신기하게도 몸에 펄은 하나도 묻지 않았다.

인간이 생명체에 이름을 지을 때는 영화 「늑대와 함께 춤을」에서와 같이 대상의 형태와 생태 등의 특징을 잡아서 지

---

5   학명을 약자로 부르면서 기록하는 과정. 각각의 약자에 대응하는 학명은 다음과 같다. Nas(Nassarius livescens, 왕좁쌀무늬고둥). Prn(Perinereis aibuhitensis, 두토막눈썹참갯지렁이). Dio(Diopatra sugokai, 흰이빨참갯지렁이)

(위) 갯벌 조사를 위해 이동하는 모습
(아래) 조사관들이 함께 모니터링하는 장면

어 준다. 지렁이인데 갯벌에 살면 〈갯지렁이〉라고 한다. 갯지렁이 중에서도 비교적 흔한 무리한테는 〈많다, 주도한다, 올바르다〉 등을 의미하는 〈참〉을 접두사로 사용한다. 그래서 갯벌에서 흔히 볼 수 있는 갯지렁이 무리를 〈참갯지렁이〉라고 한다. 이 친구는 다른 참갯지렁이에 비해 눈썹이 특이하다. 그래서 일단 〈눈썹참갯지렁이〉이다. 그런데 눈썹이 두 개로 토막 나 보인다. 그래서 이 친구의 이름은 〈두토막눈썹참갯지렁이〉가 되었다. 어르신들이나 낚시하시는 분들이 〈청충〉이라고 부르는 갯지렁이다.

조금 더 걷다 보니 건간망 옆에 앞서 출발한 트랙터가 서 있다. 건간망에는 숭어, 망둥어, 병어 등이 걸려 있고 어부는 주변에서 달려드는 괭이갈매기와 실랑이가 한창이다. 괭이갈매기는 손쉽게 먹이를 얻을 수 있는 기회를 포기하지 않으려 하고, 어부는 아마도 자식들의 학자금을 벌기 위해 녀석과 전쟁을 벌인다. 건간망은 가끔 관광객들을 위한 체험과 먹거리 장소로 이용되기도 하는데, 어부에게는 괭이갈매기와의 싸움보다 더 쏠쏠하게 주머니를 채울 수 있는 기회이기도 하다.

작은 수로를 건너면 정점 2에 가까워졌다는 뜻이다. 작은 수로는 우리가 좀 더 쉽게 걸을 수 있다는 이정표이다.

수로를 건너면 펄은 사라지고 모래가 많이 섞인 갯벌이 시작되기 때문이다. 푹푹 빠지지 않으니 발걸음이 훨씬 가볍다. 모래 위로 무언가 기어간 흔적이 있다. 흔적을 따라가다 보니 길 끝에 모래가 약간 도드라져 있다. 꿩이 숲에 있다가 급하면 날지 못하고 덩굴에 머리를 박고 꼬리만 내놓는다는 이야기가 생각나서 피식 웃는다. 제 딴에는 숨는다고 숨었는데 밖에서는 다 보인다. 꼭꼭 숨어 있는 이 친구가 골뱅이다.

골뱅이는 나선 형태의 패각을 갖는 연체동물로 물속에 사는 고둥류를 통칭한다. 잠깐 다른 얘기를 하자면, 한국은 골뱅이를 먹는 거의 유일한 나라로, 전 세계 골뱅이 생산량의 90퍼센트 이상을 우리가 소비한다고 한다. 우리나라 골뱅이 소면의 원조는 지금 모래 속에 빠끔하게 숨어 있는 〈큰구슬우렁이〉이다. 그런데 실제로 우리가 먹고 있는 골뱅이는 주로 수입에 의존하는 〈각시수랑〉이다. 큰구슬우렁이는 양식이 어렵고 개체 수가 크게 줄어 잡으려면 노력이 많이 들기 때문이다. 원조 골뱅이를 포기하고 수입 골뱅이를 먹고 있는 셈이다. 골뱅이 소면 생각을 하면서 정점 2 조사를 마친다.

정점 3에 도착했다. 펄보다는 모래가 많기는 하지만 물기가 많은 갯벌이다. 가만히 서 있으면 마치 늪에 빠지듯이 발이 뻘 속으로 천천히 들어가는 것을 느낄 수 있다. 여기서는 한 군데 가만히 있지 말고 자주 자리를 옮겨 줘야 한다. 조사 활동가 한 명이 갈퀴로 뻘을 파다 말고 소리를 지른다. 「괴물이에요. 몸속에서 몸이 또 나와요.」 미갑갯지렁이류이다. 이 녀석은 몸속에 입을 감추고 있다가 먹잇감이 나타나면 마치 개구리가 입속에서 긴 혀를 빼 잠자리를 잡듯이 인두(咽頭)를 앞으로 길게 뺀다. 인두는 먹이를 잡을 때뿐 아니라 갯벌 속을 이동할 때 땅을 파는 도구로도 쓰인다. 인두 앞에는 먹이를 잡기 쉽도록 날카로운 발톱 같은 것이 네 개 달려 있다.

강화 갯벌에는 종명을 알 수 없는 유형동물도 출현한다. 이 유형동물은 미갑갯지렁이류와 같이 〈문초〉라는 특수한 기관이 있고, 그 속의 긴 입술이 바깥으로 나와 공격과 방어 그리고 갯벌 이동 도구로 이용된다. 끈벌레라고도 불리는 이 종에 대해 아직 자세한 연구는 이루어진 바 없다.

이제 마지막 조사지인 정점 4에 도착했다. 바로 앞에는 바다가 펼쳐져 있다. 갯벌 끝에 삽을 단단히 박아 놓는다. 조사하는 동안 물은 조금 더 빠지겠지만 얼마큼 물이 빠지는지를 알아야 한다. 처음보다 삽에 표시된 물의 높이가 높

(위) 미갑갯지렁이류의 입 부분
(아래) 끈벌레로 불리는 유형동물

아지면 물이 들어오고 있다는 신호이다. 매우 위험한 상황이 벌어질 수 있기에 조석 주기 시간과 삽의 수위 변화를 늘 주의하며 조사를 진행해야 한다.

얕은 물 속에 송송 구멍이 나 있고 구멍마다 나무뿌리 같은 것이 하늘거린다. 〈갯지렁이인가?〉 하고 갯벌을 조심스럽게 파는데, 생각보다 녀석이 빠르게 모래 속으로 숨어든다. 그래도 생포하는 데는 성공했다. 불가사리다. 보통 불가사리는 몸통에 뭉툭한 다리가 다섯 갈래로 붙어 있는 별 형태이다. 그런데 이놈은 보통의 불가사리와는 달리 다리가 가늘고 매우 길다. 몸은 새끼손톱 반보다 작지만, 다리는 자기 몸보다 20~30배 이상 길다. 모래 갯벌의 최상위 포식자 중 하나인 거미불가사리이다. 최상위 포식자가 많다는 것은 먹이사슬이 다양하고 복잡하여 갯벌 생물 다양성이 높다는 증거일 수 있다.

물이 들어오기 전까지 조금 여유가 있었다. 힘도 들고 해서 모래 위에 털썩 주저앉았다. 그런데 뭔가 뾰족한 가시 같은 것이 엉덩이를 찌른다. 〈모래 속에 폐각이 있나?〉 하고 엉덩이 밑으로 손을 넣었다가 손가락이 잘리는 줄 알았다. 꽃게다. 물 빠진 모래 속에서 쉬고 있는데 갑자기 엉덩이가 그리고 손가락이 들어오니 자기방어를 위해 찌르고

물이 빠지고 드는 것을 알 수 있게 펄 속에 박아 놓은 방형구

물고 했나 보다.

물이 들어오기 시작한다. 이제 집으로 돌아갈 시간이다. 들어오는 물을 피해 잰걸음으로 육지로 향한다. 조금 전 지나온 건간망 옆 수로에 하얀 새가 보인다. 〈저어새인가?〉 예상은 한 치도 벗어나지 않는다. 저어새 일곱 마리가 수로에 머리를 박고 이리저리 저으면서 먹이 사냥에 한창이다. 갯벌 가운데서 만나는 저어새는 사람을 무서워하지 않는다. 아마 이곳을 수없이 드나드는 어부들이 자신들에게 해를 끼치지 않는다는 사실을 알고 있기 때문일 것이다. 한참 동안 저어새를 바라보다 다시 해안으로 발길을 옮긴다.

사계절 철새를 품어 주는 강화 갯벌

강화 갯벌은 사계절 바쁘다. 봄이 되면 저어새가 찾아오고 저어새가 새끼를 기를 때쯤이면 도요물떼새가 함께한다. 저어새가 강화 갯벌을 떠나면 그 자리를 두루미가 차지한다. 먼 바다 물 위에는 오리 떼가 한가로이 물질을 한다. 갯벌에는 말뚝망둥어, 숭어 새끼, 새우, 풀게, 콩게, 바지락, 떡조개 등 다양한 어류, 갑각류, 연체류, 다모류와 눈에 보이지 않는 미세조류가 살고 있다. 그리고 갯벌 생물들은 갯벌을 찾는 새들에게 중요한 먹이원이다. 강화 갯벌에 생물 다양성이 부족하다면 이 많은 식구들을 먹여 살리기는 어려울 것이다.

바다로 둘러싸여 섬이 되고 철책이 있어 더 외로운 섬

현재 강화에는 약 54킬로미터 정도의 군사용 철책이 있다. 1953년 한국 전쟁 이후, 임진강 하구에 위치한 경기도 파주시 정동리에서 동해안인 강원도 고성군 명호리까지 총 248킬로미터 구역은 비무장 지대로, 육상 DMZ 이외에 임진강 하구로부터 강화 말도에 이르는 지역은 한강 하구 중립 지역으로 정해지면서 남북 간에 접경 지역이 만들어졌다. 전쟁 이후에도 조강에서 어부들의 어로 활동은 이루어

(위) 갯벌을 찾은 도요물떼새 무리
(아래) 갯가에서 쉬고 있는 고방오리

졌다. 그러나 강화 북부는 간헐적으로 북한의 포격을 받았고, 1963년 어로한계선(2020년, 어선안전조업법에 의해 조업한계선으로 명칭 변경)이 설정되면서 강화 북부와 교동도의 포구 등 연안의 이용은 불가능해졌다.

1964년 베트남 파병 이후 전방 경계 병력의 손실을 보충할 목적으로 비무장 지대에 처음으로 철책이 만들어졌다. 한강 하구 중립 수역의 고양시와 김포시는 1970년부터 철책 공사를 시작했다. 한편 강화는 북한 선박이 NLL을 수십 차례 침범하고 남북한 충돌이 잦아지자 1974년부터 철책을 설치했다. 강화도와 서해 5도 그리고 주변의 섬을 요새화한다는 정부 방침에 따른 것이었다. 1998년 강화에 북한 잠수정 침투 사건 이후 삼중 철조망과 원형 철조망으로 철책을 보강하기도 했다.

저어새, 남북을 날다

2014년 구지도에서 새끼 저어새에게 S62(BGGO)[6]라고 하

6   저어새의 생태를 관찰하기 위해 부착한 밴딩 표식. 일반적으로 가락지 번호와 색을 띤 링으로 구분한다. 가락지 번호 앞에는 영문 이니셜을 넣는데 국가마다 약속된 영어 이니셜을 부여한다. A로 시작하면 중국(홍콩), J로 시작하면 일본, R은 러시아, T는 대만, 그리고 우리나라는 다른 나라에 비해 가락지 부착을 많이 하여 E, K, S, H, V를 사용한다. 색 링은 노란색(Y), 빨간색(R), 파란색(B), 초록색(G), 하얀색(W), 오렌지색(O), 갈색

(위) 김포 성동리 철책
(아래) 강화 6·25 참전용사 기념 공원 철책

는 가락지와 위치 추적기를 달아 주었다. S62는 북한 황해남도 연안군 갯벌에서 3개월간 머물다가 10월에 780킬로미터를 날아 중국 상하이 양쯔강 하구에 도착했다. 그 시기에 S62는 어미 새와 같이 생활했을 것이고 어미로부터 먹이 터를 고르는 법, 먹이를 먹는 법, 이동 경로 등을 학습받았을 것이다(하지만 여기가 북한 땅이고 저기가 남한 갯벌이라는 사실을 배울 필요는 없었을 것이다).

북한은 2018년 5월 평안남도 문덕 철새보호구와 함경북도 나선 철새보호구 등 두 곳을 〈람사르 습지〉로 등록했다. 북한 과학원이 실시한 철새 생태 조사에서는 문덕 철새보호구에서 저어새가 10여 마리 관찰됐다고 한다. 북한 안변에서는 두루미가 겨울을 난다. 강화도 갯벌에도 겨울이 되면 어김없이 두루미가 찾아온다. 철새들에게는 행정적 경계도 없고, 철새들은 정치적 이념도 모른다. 그냥 살 수 있는 환경이 허락되는 곳에서 자유롭게 철책을 넘나든다.

저어새는 강화군조이며, 두루미는 인천시조이다. 저어새와 두루미는 각각 남북을 상징하는 깃대종(생태계의 종들 중 사람들이 중요하다고 인식하고 있는 종)으로서 충분

(BR), 연한 파란색(LB), 연한 녹색(LG)을 사용한다. S62의 링은 파란색 – 초록색 – 초록색 – 오렌지색으로 구성되어 있다.

(위) 남북을 오가는 저어새
(아래) 춤추는 두루미

한 가치가 있다. 갯벌은 남북 모두 그들이 머물 수 있는 충분한 환경을 제공하고 있다. 자연과 생태는 행정적·지리적·이념적 경계가 필요 없는 영역이다.

2006년 강화 청소년들과 같이 열었던 「저어새 작은 사진전」을 이제는 남북 청소년 동아리와 함께 열고 싶다. 천연기념물 제419호로 관리받고 있는 강화 갯벌과 평안남도 문덕 철새보호구의 생태적 교류는 작지만 큰 희망 사항이다. 남북 분단의 상징인 철책을 걷어 내고[7] 배를 타고, 자전거도 타고, 걷기도 하면서 여권 한 장 들고 남북이 자유롭게 오갈 수 있는 날을 기다린다.

저어새와 두루미가 남과 북을 오가듯이, 강화 갯벌은 서울에서 강화를 거쳐 개성을 지나 평양을 가는 남북을 잇는 징검다리가 될 수 있을 것이다.

---

7   철책선 제거와 관련해서는 많은 이해 관계자가 있고, 그들마다 제거와 보존에 관한 의견이 다를 수 있다. 환경 보호 단체에서는 생태적 관점에서 100퍼센트 제거보다는 선택적 제거를 요구하고 있다.

3
한강 하구: 평화와 생태가 만나는 현장
생태평화한걸음 사회적협동조합 이사장 송재진

태백의 검룡소에서 발원한 한강은 서울을 동서로 가로질러 흐른다. 한강 하구 김포의 시암리에서 임진강을 더하고 강화에서 북한의 예성강과 만나 서해로 흐른다.

한강 하구에는 하굿둑이 없다. 바닷물이 강을 거슬러 올라가기도 하고, 내려오는 강물에 바닷물이 물러나기도 하며, 바닷물이 민물과 섞여 기수역(汽水域)을 형성하기도 한다. 서울 88올림픽을 앞두고 신곡수중보가 설치되기 전만 해도 바닷물은 마포나루를 지나 잠실까지 올라갔다. 수위 확보와 그 물을 이용하기 위해 설치된 신곡수중보는 거슬러 오르는 물과 내려오는 물의 흐름을 막아 상류 방향으로는 담수, 하류 방향으로는 기수역을 만들었다. 이로써 생태적으로 한강의 중류와 하류를 나누는 경계가 되고 있다.

예로부터 어민들은 바닷물이 강물을 밀고 들어오는 것

을 물이 〈민다〉라고 하고, 잔뜩 밀었을 때를 〈참〉이라고 한다. 반대로 강물에 의해 바닷물이 물러가는 것을 〈썬다〉라고 하고, 바닷물이 완전히 물러가는 것을 〈감〉이라고 한다. 이렇듯 참이냐 감이냐 밀고 있느냐 썰고 있느냐, 또 사리냐 조금이냐에 따라 바닷물과 강물의 움직임과 수위가 달라진다. 이러한 역동적인 변화무쌍함이 다양한 환경을 만들고, 바닷물과 강물의 힘의 균형이 이루어지는 곳에 서서히 유사가 쌓이면서 습지가 형성된다.

한강 하구를 대표하는 습지에는 고양의 장항 습지, 고양과 파주의 경계에 있는 산남 습지, 김포의 시암리 습지가 있다. 하구의 습지는 다양한 생명들이 사는 공간이기도 하고, 철새들의 이동을 위한 중간 기착지 역할을 하기도 한다.

변화무쌍한 환경의 한강 하구 기수역 생태계에도 다양한 생명들이 살고 있다. 삵과 너구리가 살고, 고라니가 강을 헤엄쳐 습지를 오간다. 겨울철에는 수많은 철새들이 강안에서 쉬고, 하구역을 대표하는 식물인 모새달이 습지에 빼곡하다. 버드나무 사이사이 말똥게도 바쁘게 움직인다. 한강 하구 주변은 군사적 목적의 철책이 설치되어 있고 50년 가까이 민간인의 출입을 통제하고 있다. 아이러니하

(위) 김포대교 하류 돌방구지 습지
(아래) 한강 하구 주변 농경지에서 떨어진 곡식을 먹는 큰기러기

게도 이러한 접근 제한과 출입의 불편함 덕분에 이 지역의 생태 환경이 보전되고 있다.

한강 유역에 위치한 김포 평야는 한반도 최초의 벼농사 재배지이고 농경 문화를 꽃피운 발상지이다. 논은 6,000년 이상이나 된 인공습지로 인간에게 식량을 제공하던 공간일 뿐 아니라 많은 동식물이 서식하는 공간이며, 철새의 월동지로서 중요한 습지 생태계이다.

수많은 철새들이 겨울을 나기 위해 한강 하구를 찾는다. 한강과 그 유역, 주변 평야의 농경지는 철새들에게 최적의 서식지를 제공해 왔다. 겨울철에 찾아오는 큰기러기와 쇠기러기, 재두루미와 오리류들은 대부분 무리를 이루어 먹이 활동을 하고 이동하는데, 무리 생활을 하는 이유는 먹이를 쉽게 찾고 포식자로부터 자신들을 보호하기 위해서이다.

한강 하구 철새들의 먹이는 주로 곤충류, 무척추동물, 식물의 뿌리, 추수 후 떨어진 벼의 낟알 등이다. 오전에 먹이 활동을 하기 위해서 강과 강 유역의 농경지를 오가고, 해질 녘 잠자리로 다시 이동하기 때문에 이 시간 기러기와 오리류들의 군무는 쉽게 관찰된다.

김포대교에서 하류 방향으로 자전거를 타고 가다가 돌

어민들의 배가 지나가자 날아오르는 큰기러기

방구지 마을 못 미처 철책 너머 아래의 논 습지나 모래톱에
서 구애의 날갯짓을 하는 재두루미를 마주할 수도 있다. 재
두루미는 문화재청에서 천연기념물로 지정하여 보호하고
있으며 환경부에서도 멸종 위기종으로 보호하고 있다. 우
리나라를 찾는 두루미는 일곱 종류인데, 이 중에서 두루미,
재두루미, 흑두루미가 주기적으로 우리나라를 찾고, 그중
에서 재두루미가 겨울마다 한강 하구를 찾는다. 예부터 조
상들은 두루미를 학으로 불렀으며 밖으로 탐하지 않아 안
이 깨끗하고 평화로워 바르고 어질다고 생각했으며, 장수
를 상징하는 동물로 여겼다. 이곳을 찾는 새들 중 개체 수

시암리 습지의 저어새

가 적어 멸종 위기종으로 지정하여 보호하고 있는 종들은 재두루미, 큰기러기, 흰꼬리수리, 참매, 개리, 저어새, 노랑부리저어새, 수리부엉이, 알락개구리매, 큰말똥가리, 물수리, 새호리기, 새매 등으로 많다.

김포대교에서 하류 방향으로 좀 더 내려가다 보면 전류리포구에 다다른다. 한강 하구에는 마근포구, 강녕포구, 조강포구 등 크고 유명한 포구들이 많이 있다. 어부들의 어업 활동도 주로 이곳들을 중심으로 이루어졌다. 하지만 6·25 전쟁 이후 이들 지역에서 어업 활동하는 것이 어려워지면서 사람들이 전류리포구로 많이 이주해 왔다. 전류리포구는 한강 하구의 최북단 포구이자 최전방에 위치한 어장이다. 밀고 올라오는 바닷물과 내려오는 강물이 뒤엉켜 물이 뒤집혀 흐른다는 뜻의 전류(轉流)를 포구 이름으로 붙인 데서 알 수 있듯이, 전류리포구는 바닷물과 민물이 역동적으로 섞이는 기수역 생태계를 갖고 있다. 거친 물살에서 살기 때문에 이곳에서 잡은 새우는 속살이 찰지고 쫄깃하기로 유명하다.

한강 하구를 대표하는 주어종은 기준에 따라 다를 수 있지만 역사적 기준으로 보면 웅어라고 할 수 있다. 조선 시대에는 임금의 식사와 대궐 안의 식료를 관장하는 사용원에서 위어소(葦魚所)를 두고 웅어를 잡아 진상하게 했을 정도로 한강 하구의 명물이었다. 웅어는 갈대와 인연이 깊다. 5~8월 산란기에 바다에서 강 하류로 올라와 갈대밭에서 산란한다. 부화된 새끼 웅어는 바다로 내려가서 성장한 후 다음 해 성어가 되어 다시 산란 장소에 나타난다. 과거에는 웅어를 갈대 위(葦) 자를 써서 위어라고 부르기도 했다.

현재 전류리포구에서 가장 많이 잡히는 어종은 숭어이다. 이 밖에 잉어, 황복, 참게, 농어, 까나리 등도 있다. 숭어는 사시사철 다 잡히고 황복과 웅어는 초여름에, 참게와 새

유유히 흐르는 한강 하구의 조강. 오른쪽으로 북한 땅이 보인다.

우는 가을과 겨울에 잡힌다. 그 수가 조금 줄었지만 뱀장어
나 메기도 잡힌다. 기수역이기 때문에 주로 강과 바다를 오
가는 회유성 어종들이 많다. 웅어처럼 산란을 위해 올라오
는 소하성 어류도 있고, 뱀장어처럼 산란을 위해 바다로 가
는 강하성 어류도 있다. 숭어처럼 산란과 무관하게 이동하
는 종들도 있다.

북한과 인접해 있기 때문에 전류리포구에서 하류 방향
으로는 배들이 더 이상 들어갈 수 없다. 그곳에 한강 하구
의 3대 습지 중 하나인 시암리 습지가 있다. 시암리 습지는
김포시 하성면에 위치해 있고, 습지의 90퍼센트 이상이 모

새달 군락으로 이루어져 있다. 모새달은 강 하구에서만 자라는 하구역을 대표하는 습생식물이다. 산림청에 의해 희귀식물 194호로 지정되어 있고, 갈대와 비슷하게 생겼으나 키가 갈대보다 작으며 초여름에 꽃이 피고 열매를 맺는다(갈대는 가을철에 꽃이 피고 열매를 맺는다). 대나무처럼 속이 빈 줄기를 가지고 있는 갈대와 달리 줄기의 속이 차 있어 물질 생산성이 갈대보다 높아 기후 위기 시대 탄소 흡수원으로서의 가치도 높다. 시암리 습지의 면적이 2.5제곱킬로미터(약 75만 평)이고, 그 면적의 90퍼센트가 모새달 군락이다. 멸종 위기종이 아니어서 정확한 데이터가 없지만 국내 최대 모새달 군락지로 판단된다. 경관 생태 측면에서도 직접 들어가 보면 국내 4대 갈대밭(신성리 갈대밭, 순천만, 시화호, 고천암호)과 견주어도 뒤지지 않는다. 현재 시암리 습지는 군사적인 이유로 민간인의 출입이 엄격히 통제되고 있다.

시암리 습지가 끝나는 지점인 돌곶이에서 한강의 본류는 임진강을 맞아들인다. 한강 본류와 임진강이 만나니 이곳을 한강 하류의 두물머리라고 할 수도 있겠다. 그러나 물과 물이 만나는 두물머리라고 이야기하기에는 이곳이 지닌 의미는 조금 더 깊다. 이곳에서 한강과 임진강이 만나고, 이곳에서 남과 북이 만난다. 이곳에서부터 한강 하구 중립 수역이 시작되고, 조상들은 이곳을 〈조강〉이라 불렀다. 우리가 일반적으로 중립 수역이라 이야기하지만 정전 협정 1조 5항에는 〈남북 양측 민영선박에 자유항행을 보장한다〉라고 기록되어 있다. 이곳은 평화의 공간이자 생태의 공간이다. 저어새와 개리, 큰기러기 등이 먹이 활동을 하고, 몇 년 전에는 국제적인 멸종 위기종이자 토종 돌고래인 상괭이 50여 마리가 초병들에 의해 목격되기도 했다. 또한 경관도 뛰어나 다가오는 평화의 시대에 생태 관광 자원으로서의 가치 역시 크다.

돌곳이에서 마근포리, 조강리를 지나 조강의 끝자락에 이르면 무인도인 평화의 섬 유도가 있다. 1996년 7월 북한 지역의 집중호우로 홍수가 발생해 유도에 소 한마리가 떠내려 왔다. 이듬해 1월 당시 김포군과 해병대원들이 황소 구출 작전에 나서서 두 시간 만에 황소를 뭍으로 옮기는 데 성공했다. 추위와 굶주림 속에서 발굽에 상처까지 입고 구출된 황소에게 〈평화의 소〉라는 이름을 붙였고 새 보금자리도 마련해 주었다. 1년 뒤인 1998년 1월 〈평화의 소〉는 시민들의 관심 속에 당시 북제주군에서 기증한 〈통일의 소〉를 배필로 맞아 총 일곱 마리의 송아지를 낳았다. 이 중

평화의 섬 유도. 그 앞에 보이는 말뚝은 선박의 정박을 막기 위해 만든 용치이다.

첫 번째로 태어난 송아지에게 평화와 통일의 염원을 담아다시 〈평화통일의 소〉라는 이름을 지어 줬다. 남북의 평화와 통일의 상징적 의미로 김포시가 보살펴 온 〈평화의 소〉는 열여섯 해를 살고 2006년에 자연사했지만 그 의미와 염원은 시민들 사이에 널리 기억되고 있다.

평화의 섬 유도는 2007년까지만 해도 저어새의 국내 최대 번식지였다. 저어새는 국제적 멸종 위기종이고 천연기념물이다. 저어새라는 이름은 주걱처럼 생긴 부리를 얕은 물속에 넣고 좌우로 휘휘 저어 가면서 먹이를 찾는다고 하여 붙여진 이름이다. 서해안 무인도의 바위틈에 무리지어 둥지를 짓고, 먹이는 갯벌과 강 하구, 주변 논 등에서 찾는다. 한 번에 3~5개의 알을 낳으며, 3년이 지나면 번식할 수 있다. 유도에서 번식한 저어새들은 15~20킬로미터 떨어진 강화도 논 습지까지 날아가 먹이 활동을 하기도 했으나 어떠한 이유에서인지 2008년 이후로 유도에서 서식하는 개체들을 보기가 어려워졌다. 현재 동아시아 저어새의 최대 번식지는 서해 남북한 접경 지역에 있는 몇 곳의 무인도이다. 서해 접경 지역에서 저어새들은 인간의 간섭으로부터 보다 자유롭고 안전하게 알을 낳고 새끼를 키우며 살아가고 있다.

최근 평화의 섬 유도에 저어새가 다시 서식하고 있다는 것이 확인되었다. 남과 북을 오가며 생명을 잇는 평화의 새 저어새가 다시 유도를 찾은 것처럼 남과 북 사이에도 다시 평화의 분위기가 형성되길 희망한다. 한강 하구의 항구적인 평화와 건강한 생태 환경의 지속 가능성은 우리들의 평화에 대한 관심과 염원, 그리고 생태 보전을 위한 노력에서 시작되고, 그로써 실현될 것이다.

4
한강 하구: 물새의 생태 이야기

DMZ 생태연구소 김승호

한강 하구는 우리나라 4대강 하구역 가운데 유일하게 하굿둑이 건설되지 않았다. 조수의 출입이 자유롭고 자연적인 하구 경관과 기수 생태계가 잘 보전되어 있으며, 동북아시아와 호주를 이동하는 다양한 물새들의 중간 경유지이자 월동 및 번식지로 손꼽힌다. 이러한 한강 하구는 비무장 지대와는 구별되지만 군사적인 규제에 있어서는 별 차이가 없다. 한강 하구는 「휴전협정법」상 별도의 항목으로 비무장 지대가 아닌 중립 수역으로 규정되었다. 그러나 군사적 충돌 우려로 인해 민간인의 출입이 제한되었고, 그 덕분에 온대성 생태계 습지가 원형에 가까운 모습을 유지하고 있어 생태적 가치가 매우 높은 곳이다.

우리나라 지형 특징인 동고서저의 모습대로 한강 하구는 상대적으로 저지대이다. 해발이 낮은 평지가 대부분이고, 크기와 유형이 다양한 습지가 다수 분포한다. 또한 한강과 임진강, 사천강, 서해와 한북정맥, 한남정맥, 임진북예성남정맥이 만나 많은 습지와 실그물 같은 하천을 형성하여 독특한 생태계를 만들어 냈다. 한강과 임진강, 북한의 예성강과 서해가 만나는 기수역은 대규모의 습지로 다수의 갑각류와 무척추동물을 비롯한 다양한 생물이 서식하고 있고, 이들은 조류의 풍부한 먹이원이 되어 전체적으로 생물 다양성을 높이는 데 기여하고 있다. 또한 이곳으로 흘러들어 오는 실핏줄처럼 잘 형성된 작은 하천들에서 자라는 습지 식물들이 조화를 이루고 있다.

한강 하구의 습지는 한반도의 다양한 생물의 서식지이자 수많은 조류의 중간 기착지이다. 대륙과 해양을 잇는 지구 생태계의 연결 통로로서 그 역할이 매우 중요하다. 또한 남방계와 북방계가 서로 만나는 점이 지대에 위치하여 생물 다양성이 크다. 기후대와 산림대가 혼재하는 이곳의 서식 조건은 다양한 생물들의 서식 기반이 되고 있다.

우리나라는 강화, 김포, 고양, 파주 등에 걸쳐 광역적으로 연결되어[8] 있는 한강 하구역을 습지보호지역으로 지정·

8   2006. 4. 17. 환경부 고시 제2006-58호 「습지보전법」 제8조 제5항 및 같은 법 시행규칙 제5조의 규정

고시하였다. 특히 한강 하구의 광대한 습지는 생태적 가치가 매우 높고, 동북아시아의 이동성 조류가 해마다 이용하는 매우 중요한 공간이다. 버드나무 군락이나 갈대 군락과 같은 수변식생이 잘 발달해 있어 먹이가 되는 생물종들이 풍부하며, 저어새, 재두루미, 개리 등 희귀 철새들의 섭식 장소로서도 중요성이 크다.

한강 하구는 한강의 마지막 하천 구간으로 육상의 담수 생태계가 해양 생태계로 전환되는 생태적 완충 지대이다. 그만큼 매우 중요한 생물적·생태적 특성을 지닌다.[9] 이런 특성은 일반적으로 하구 일대의 다양한 습지의 분포와 밀접한 연관성이 있다. 육상 생태계와 수생태계 그리고 연안 생태계의 특성이 혼재되어 있고 이러한 특성으로 인해 영양 염류가 풍부한 생태추이대가 형성된다. 그 결과 생물 다양성의 수용 능력이 다른 생태계보다 뛰어나고, 동시에 군집의 생산력이 높은 특성을 가진다.[10]

이곳은 하천과 해양, 담수와 해수와 연관되어 복잡한 먹이그물이 나타나는 것이 특징이다. 2019년 연안 생태 중점

9   남정호 외, 「서해 평화 수역 조성을 위한 정책 방향 연구」, 해양수산개발원, 2019, 11~21면 요약
10   이창희 외, 「하구역 환경보전 전략 및 통합 환경관리 방안 수립: 한강 하구역을 중심으로」, 한국환경정책평가연구원, 2003

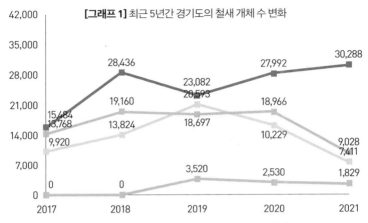

[그래프 1] 최근 5년간 경기도의 철새 개체 수 변화

- 한강 하구(오두산 전망대·일산대교)·김포 평야(하성, 사우동)·공릉천
- 한강 하류(일산대교·행주대교)·이화동 일원(홍도평, 이화리, 태리)
- 공릉천 하류
- 임진강(장남교·오두산 전망대)

조사[11]에서 한강 하구역을 조사한 결과 이곳의 수온은 계절적 특성을 보였으며, 표층·저층의 수온 차이는 크지 않았다. 염분은 한강 하구 가까운 정점에서 낮고 멀어질수록 높아지는 특징을 보였다. 수소이온 농도의 경우 하계(夏季)에 낮은 특징을 보였으며, 이는 여름철 담수 유입의 영향인 것으로 판단된다. 퇴적과 해수의 변화는 육상 생태계의 변화를 나타내며, 다양한 생물군들에게 많은 영향을 주고 있는

11   해양환경공단, 「2019년 연근해 생태계(우리나라_대표연안) 조사 연보」, 2019, 238면

것으로 보인다. 임진강 하구의 퇴적 변화는 철새의 변화(개리의 도래 시기와 개체 수)를 불러왔으며, 이는 한강 하구의 도시화와 밀접한 관련이 있을 것으로 보인다. 한강 하구 재두루미의 분포 역시 이와 유사한 변화를 나타낸다.

개리Swan Goose는 2000년대 전반까지 공릉천 하구와 성동 습지에서 대규모로 월동하거나 이동기에 그곳을 중간 기착지로 이용했고, 이후에는 300여 마리가 한동안 문산 습지를 중간 기착지로 이용했다. 2019년부터는 김포 보구곶리 주변의 습지에 많은 개체들이 활동하고 있는 것으로 보아 한강 하구의 퇴적 상황과 새섬매자기 같은 먹이원의 분포가 변하고 있음을 보여 준다.

식물상의 변화는 기후 변화와 주변의 하천의 상황과 밀접한 관련을 갖고 있다. 공릉천 일원의 개발과 고양시·김포시의 대규모 택지 개발로 인한 소하천에서의 물 흐름 변화가 한강 하구 습지의 변화를 주도하고 있는 것으로 보인다. 더욱이 장항 습지의 선버들 군락의 확대로 퇴적과 육화(육지화) 현상이 심해지면서 한강 하구 전체의 물 흐름의 변화를 가져왔다. 그 결과 김포 지역에 세굴[12] 현상, 파주

12　강 또는 바다에서 흐르는 물로 인해 기슭이나 바닥의 바위나 토사가 씻겨 파이는 일.

지역에 역행 퇴적이 발생했고, 결과적으로 하구의 퇴적량도 변화했다.

또한 한강 하구에 많은 영향을 준 강은 임진강이다. 특히 임진강 상류에 북한이 건설한 황강댐은 여러모로 우리에게 심각한 영향을 주고 있다. 황강댐은 임진강 상류 비무장지대에서 북측 27킬로미터 지점에 위치한 저수량 3억 5천만 톤가량의 소형 다목적 댐이다. 2002년에 공사를 시작하여 2007년에 준공되었다. 해발 고도 80미터 지형에 34미터 높이로 축조되었는데, 수공 무기로 기능할지 모른다고 위협을 느낀 우리 정부는 이에 대응해 저수량 7100만 톤의 군남댐을 2007년에 착공, 2010년 6월 30일에 준공했다. 황강댐과 군남댐의 거리는 56킬로미터이고, 황강댐은 군남댐보다 저수량이 다섯 배쯤 크다.

결국 두 댐은 약 10~15년 동안 임진강의 수위를 낮추는 결과를 초래했다. 바닷물의 영향은 큰 변화가 없지만 임진강의 수량 변화가 퇴적의 변화로 이어진 것으로 추정된다. 특히 한강과 임진강이 만나는 교하 지점에서 식생과 조류 분포에 눈에 띄는 변화를 불러왔다. 새섬매자기 등과 같은 기수성 식물이 줄고, 그 대신 갈대, 달뿌리풀, 모새달 같은 하구원 식물이 강변을 메웠다. 그에 따라 철새들의 휴식과 먹이 활동에도 심각한 교란이 나타나고 있다.

범람을 막기 위한 강·하천 관리 정책이 갯벌 면적의 축소와 한강 하구의 지속적인 퇴적의 원인이 되었고, 하구의 퇴적은 갈수록 심화될 가능성이 높다. 이를 근원적으로 해결할 수 있는 과학적인 연구와 정책적인 대응이 필요한 상황이다.

한편, 한강 하구의 끝단 해역에는 다양한 야생동물이 산다. 대표적인 포유동물로는 물범, 수달, 고래류가 있다. 수달은 멸종 위기 야생생물 1급으로 한강 하구에서 출현한다. 서해 백령도에서 태안반도 가로림만까지 분포하는 물범은 멸종 위기 야생생물 2급 및 해양 보호 생물로 지정되어 있다. 남한과 북한의 경계를 넘나들며 서식하는 조류로는 멸종 위기 야생생물 1급인 저어새를 비롯하여 30여 종이 서식하고 있다. 전 세계적으로도 멸종 위기에 처한 저어새는 남한과 북한에서 모두 천연기념물로 지정한 생물이다. 주로 무인도에서 번식하는데, 남한은 연평도 인근의 석도, 비도, 우도, 한강 하구의 유도가 가장 큰 번식지다.[13] 또한 서해의 갯벌이 호주에서 시베리아에 이르는 철새 이동 경로

---

13   남정호 외, 「서해평화수역 조성을 위한 정책방향 연구」, 해양수산개발원, 2019, 19면

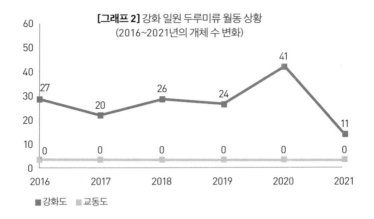

[그래프 2] 강화 일원 두루미류 월동 상황
(2016~2021년의 개체 수 변화)

■ 강화도 ■ 교동도

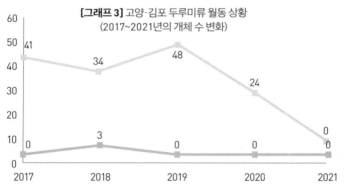

[그래프 3] 고양·김포 두루미류 월동 상황
(2017~2021년의 개체 수 변화)

■ 한강 하류(일산대교·행주대교)·이화동 일원(홍도평, 이화리, 태리)
■ 한강 하구(오두산 전망대·일산대교)·김포 평야(하성, 사우동)·공릉천

의 중간 기착지로 알려지면서 갯벌에 대한 관심도 증가하
고 있다.

한강 하구 김포 지역에서 발견되는 조류 중 멸종 위기

1급은 2종으로 흰꼬리수리, 저어새이다. 멸종 위기 2급은 10종으로 검은머리물떼새, 알락꼬리마도요, 새호리기, 검은머리촉새, 큰덤불해오라기, 붉은배새매, 독수리, 참매, 큰기러기, 개리가 확인된다. 천연기념물은 총 10종이 발견된다. 저어새(제205-1호), 독수리(제243-1호), 흰꼬리수리(제243-4호), 수리부엉이(제324-2호), 솔부엉이(제324-3호), 소쩍새(제324-6호), 개리(제325-1호), 검은머리물떼새(제326호), 원앙(제327호), 두견(제447호)이다.

고양 지역에만 국한하면 총 13목 31과 65종 5,034개체로 집계되었다. 계절별로 종의 변화를 보면, 장항 습지를 제외하고는 이동성 철새들이 많이 찾아오지 않는 것을 알 수 있다. 한편, 가을철 이동기에는 종 수가 늘어났는데, 이를 통해 이동성 철새들이 장항 습지를 이용하는 것을 알 수 있다. 국립생물자원관 철새 동시 센서스의 최근 5년간 자료에 의하면 한강 하구를 마주하고 있는 고양·김포 지역은 종 수는 큰 차이가 없으나, 개체 수가 많이 감소하여 서식지가 매우 협소해지는 경향을 보이고 있다.

특히 한강 하구의 깃대종으로 보이는 두루미류와 개리의 개체 수 변화는 이곳의 생태 변화를 알려 주는 큰 역할을 한다. 두루미류와 개리는 기수성 생물을 선호하는 경향을 보이고 있고, 특히 개리의 개체 수는 서식지의 퇴적·침식 작용과 밀접한 관련을 갖고 있기 때문이다. 두 종은 한강 하구의 변화를 나타내는 중요한 지표종이다.

한반도에 머무는 대부분의 겨울 철새들은 시베리아의 아무르강, 우수리, 몽골, 흑룡강이 고향이다. 번식을 마친 이들은 따뜻한 한반도와 일본 이즈미까지 내려가는 수고를 아끼지 않는다. 비무장 지대는 대륙을 이동하는 철새들에겐 중간 기착지이다. 봄철 일본 이즈미에서 올라오는 재두루미는 중간에 충분한 휴식을 취하고 충분한 먹이를 섭취해야 다시 북상할 수 있다. 이런 점에서 비무장 지대는 동북아 평화의 안전판인 동시에 중국, 러시아, 한국, 북한, 일본 5국을 이어 주는 생태 통로인 셈이다.

독일은 동서 통일이 이루어지기 전까지는 접경지의 생물들을 보호하지 못했는데, 베를린 장벽이 무너진 뒤에는 접경 지역이 포함된 여러 주정부와 자연 보호 협약을 체결했다. 연방 정부는 그뤼네스반트[14]의 약 30퍼센트를 자연 보호 구역으로 지정하거나 국립공원으로 조성했다. 통일과 동시에 국가와 시민이 함께 환경 보전 활동을 추진해 나

14   Grünes Band. 동독과 서독의 경계가 되던 곳이 자연 그대로 보존이 되어 있는 곳. 독일어로 〈녹색 띠〉라는 의미이다.

간 독일의 모범 사례를 우리 역시 타산지석으로 삼아야 할 것이다.

5
파주
DMZ 생태연구소 김승호

파주는 서부 DMZ의 한 부분으로 기수 지역과 담수 지역을 동시에 갖고 있는 매우 다양한 생태 조건을 갖추고 있다. 산남리 일원의 습지는 그 면적이 약 22만 5,000제곱미터에 이르는 해수담수습지salt-fresh marsh로 현재 습지보호지역으로 지정되어 있다. 주변의 고양시와 김포시, 파주 신도시 건설 및 도로 개발과 과도한 농경지 제방 공사 등으로 식생의 변화가 크다.

산남 습지 배후에는 약 230여 제곱미터 면적의 〈출판문화단지 습지〉가 있다. 이곳은 저류지로서 매우 중요한 생태적인 특성을 갖는데, 겨울에 개리를 전 세계에서 가장 가깝게 관찰할 수 있는 지역으로 매우 매력적이다. 노랑부리저어새가 잠을 자는 곳이며, 대백로들의 대규모 관찰이 가능한 기수성 습지다. 이뿐만 아니라 붉은발말똥게, 삵 등 멸종 위기종이 다수 관찰되고, 큰기러기와 쇠기러기, 청둥오리 등의 주요 월동지이며, 백로와 고라니가 발견되는 등 원형의 모습을 갖춘 멋진 습지라고 할 수 있다. 또한 매자기, 부들, 달뿌리풀, 물억새, 갈대, 줄 등의 정수식물들이 줄지어 자라고, 선가래, 이가래, 마름, 개구리밥 등 부엽식물도 일부 조사된다. 물닭과 쇠물닭, 흰뺨검둥오리, 논병아리, 덤불해오라기, 물총새와 황조롱이도 빼놓을 수 없다.

파주 출판문화단지 습지는 해수담수습지가 담수화되는 과정을 살펴볼 수 있는 중요한 곳이다. 한강 제1지류인 공릉천 하구 습지는 송촌리에 위치해 있고, 면적은 영천 배수관문에서 천연기념물 250호 지역에 이르기까지 약 264만여 제곱미터이다. DMZ 민통선 일원이면서도 접근성이 좋아 비무장 지대 기수 생태계와 똑같은 조건의 생태를 관찰하기에 최적의 장소다.

천연기념물 250호 지역으로 흘러드는 공릉천 물길은 한강과 서해 바닷물이 함께 섞이면서 기수역을 이루고, 많은 유기물이 퇴적된 결과 수심이 얕다. 시베리아와 호주를 오가는 동북아 겨울 철새들이 월동지, 중간 기착지, 서식처로 이용하는 지역이다. 기수성 식물인 세모고랭이와 새섬매자기 등이 군락을 이루고 있어 이들을 주요 먹이로 삼는 개

(위) 공릉천 삶의 이동 통로
(아래) 펄콩게의 먹이 활동

리와 재두루미의 주요 월동지였다. 최근에는 월동지로서의 지위를 상실했지만, 여타의 조류들 특히 가을철 비둘기 조롱이의 큰 군집이 관찰되는 장소로 여전히 인기가 높다.

공릉천은 봄, 가을로 이동하는 꺅도요, 학도요, 청다리도요 등의 도요류와 물떼새들이 다양하게 관찰되고 여름철에는 뜸부기, 꾀꼬리, 청호반새, 개개비, 붉은부리찌르레기 등이 번식하고 있다. 멸종 위기 2급 삵을 비롯해서 너구리, 오소리, 족제비, 두더지 등의 포유류가 서식하고, 기수역의 깃대종인 펄콩게, 말똥게와 역시 멸종 위기 2급인 붉은발말똥게가 서식하고 있어, 종 다양성 면에서도 공간적 가치가 뛰어난 지역이다.

탄현면 성동리 한강 중립 수역에 위치한 성동 습지는 습지의 원형을 가장 잘 관찰할 수 있는 곳으로 면적은 오두산 전망대 동쪽부터 임진강 하구를 거슬러 대동리에 이르는 지역까지 약 99만여 제곱미터이고, 해수담수습지로 모새달이 우세종을 차지하고 있다. 최근에는 새섬매자기와 세모고랭이가 현저히 쇠퇴하고, 갈대와 달뿌리풀, 물억새가 모새달과 함께 우세종으로 점유하고 있는 상태이다.

2007년 봄까지는 성동 습지의 수변부 하상이 높지 않고 넓은 지역이 노출되어 개리가 최대 689마리, 재두루미

(위) 교하(김포 강화 방향)
(아래) 천연기념물 제250호 지역(한강 일산 방향)

879마리, 저어새 27마리가 관찰되었다. 2008년부터는 노출 부분이 줄어드는 등 지형의 변화가 눈에 띄게 나타나면서 새들의 활동 영역이 협소해지고, 개체 수도 동일 시기에 비하여 현저히 줄었다. 2010년 이후에는 재두루미의 월동 상황이 관찰되지 않았으나 2019년 재두루미 13마리가 일시적으로 도래하였고, 흰꼬리수리의 월동 개체 수가 증가하여 개풍군 일원에서도 자주 관찰된다. 퇴적층의 증가로 개리와 재두루미들이 월동하지 못하는 비운의 습지이지만 북한 관산반도와 마주하고 있어 풍광이 매우 아름답고, 한강 하구와 임진강 하구의 연결점으로서 생태적 가치가 우수하다.

파주시 장단면 거곡리에 위치한 장단 습지는 한강 중립 수역과 비무장 지대가 연결되는 지점으로 면적이 약310만 2,000여 제곱미터에 이르고, 사격 연습을 하던 피탄지가 습지를 이루는 매우 기묘한 형상을 하고 있다. 해수담수습지로서 폭 800~1,100미터 정도의 임진강 본류가 흐르며 강 서북변 습지가 발달되어 있다. 물억새와 갈대가 대규모 군락을 이루고, 군데군데 단풍잎돼지풀도 군락을 이루고 있다. 주변에 너른 농경지와 독수리 월동지가 있고, 대부분의 습지 지역이 군사 보호 시설 및 군 사격장, 경작지 등으

(위) 장단 습지. 물억새와 갈대가 대규모 군락을 이룬다.
(아래) 장단 습지의 전경

로 이용되며, 개성 공단으로 전력을 공급하는 송전탑도 들어서 있다.

이 지역의 주요 관찰종은 다양하다. 저어새, 흰꼬리수리, 두루미, 재두루미, 물수리, 독수리, 큰말똥가리, 큰기러기, 개리 등의 멸종 위기종 외에도 쇠기러기, 비오리, 흰뺨검둥오리, 재갈매기 같은 물새류와 물때까치, 쇠딱따구리, 큰오색딱다구리, 멧새류 등의 소형 조류가 널리 분포한다. 특히 독수리 월동지에는 2005년 독수리 1,200여 마리가 대규모로 월동했으나, 지금은 100여 마리로 크게 감소했다.

장단반도의 대규모 물억새 군락은 경관적 가치가 매우 뛰어나고 겨울철 대표적인 독수리 월동지이다. 그러나 독수리 월동과 피탄지 불발탄 제거 작업 등으로 두루미, 재두루미의 관찰 개체 수는 감소하고, 맹금류 종류가 다양하게 관찰되고 있다. 최근에는 이곳 둠벙에서 물장군이 발견되어 습지 생태의 연구를 위해서도 매우 중요한 지역이 되었다.

장단반도와 마주하고 있는 문산 습지는 파주시 문산읍 내포리에 위치하고 있으며, 면적은 반구정 원편 아래 임진강 하구부터 서해 바닷물이 미치는 문산천의 송강교에 이르기까지 약 99만여 제곱미터이다. 상류 일부가 지방 2급 하천인 문산천과 임진강과 합류하는 해수담수습지로 폭 80미터 정도의 문산천 양변에 퇴적층이 발달하여 소택지를 이루고 있다. 문산천의 공사가 빈번하여 새섬매자기 군락의 변동이 매우 크고, 개리와 큰기러기 개체 수가 예년에 비해 두드러지게 편차를 보이고 있다. 문산대교 아래로 연결된 배후 습지에는 물억새와 달뿌리풀, 갈대 등 사초과 식물이 군락을 이루고 있다. 또한 기수성 식물인 새섬매자기가 띠를 두른 듯 자라고, 문산천 중류는 한때 특산 식물인 층층둥굴레가 군락을 이룰 만큼 다양한 생태 환경을 갖추고 있었으나 현재는 일부만이 남아 있다.

임진각 습지는 통일대교 상하로 길게 형성된 지역으로 해수담수습지다. 면적은 약 132만여 제곱미터이며 폭은 약 450미터 정도이고, 임진강의 동쪽에 위치해 있다. 강 안쪽에 길게 뻗은 갯벌 가장자리와 강안 농경지 사이 구릉 곁에는 갈대와 물억새가 군락을 이룬다. 제방 쪽으로는 돼지풀과 단풍잎돼지풀이 대규모 군락을 이루고 있고, 통일대교 남단 아래에서는 낙지다리 군락지가 있으며, 임진강과 수내천이 만나는 지점에는 세모고랭이와 흑삼릉, 갯버들이 군락을 이룬다.

하류에서는 말똥게와 펄콩게 등 기수성 생물이 관찰되며, 멸종 위기 2급인 삵을 비롯해 너구리, 족제비, 고라니 등의 포유동물이 서식하고 있다. 주요 관찰 조류로는 개리, 큰고니, 재두루미, 큰기러기, 기러기, 흰뺨검둥오리, 청둥오리, 비오리, 물수리 또는 잿빛개구리매, 흑두루미, 검은목두루미, 참수리, 흰꼬리수리, 알락꼬리마도요, 새홀리기, 붉은배새매, 황조롱이, 큰말똥가리 등 천연기념물과 멸종 위기종이 있으며, 청딱다구리, 파랑새, 비둘기조롱이도 다수 관찰된다.

초평도 습지는 임진강의 대표적인 하중도. 임진강의 최대 퇴적지인 초평도는 한때 사람이 거주하면서 농사를 짓다가 현재는 사람이 들어가지 않아 하천 습지로 복원된 지역이다. 파주시 문산읍 장산리와 동파리 쪽 수변부를 포함한 면적이 약 396만여 제곱미터로 해수담수습지이다. 사시나무와 갯버들이 군락을 이룬 섬으로 최근에는 천이가 심하게 진행되어 아카시아, 버드나무, 미루나무, 귀룽나무의 군집이 커지고 하부에 육화가 진행되고 있다. 식물의 군집과 천이를 관찰하기 매우 좋은 장소다. 주변으로 폭 100~400미터 정도의 임진강 본류가 흘러 사면에 습지가 발달했고, 멀리 보이는 서쪽의 통일대교를 배경으로 북

(위) 동파리 해마루촌에서 본 초평도
(아래) 문산읍 장산리에서 본 초평도

쪽 면에는 덕진산성이 있다. 관찰되는 주요 조류는 재두루미, 흰꼬리수리, 독수리 등이며 버드나무, 신나무, 귀롱나무 군락이 분포하고, 포유동물로는 삵, 너구리, 오소리가 서식하고 있다. 초평도 습지는 해마루촌 부근이나 파주시 문산읍 장산리 위에서 관찰하면 더 훌륭한 경관을 즐길 수 있다.

통일대교와 판문점으로 이어지는 1번 국도와 개성 공단으로 가는 길 왼편으로 서부 민통선 최초의 정착 마을인 통일마을이 있다. 통일마을은 접경지대, 공동경비구역 JSA, 남방한계선 주변 농경지와 더불어 또 하나의 생태적 공간이다. 파주시 군내면 백연리, 점원리, 정자리와 장단면 거곡리, 노상리, 노하리 등으로 구분되는 통일마을 일대는 지형적으로 고도가 낮은 구릉지 형태의 산지와 평지가 넓게 형성되어 있다. 비무장 지대 안의 사천강에서 흘러나온 지류가 남방한계선을 따라 산지에서는 산상 습지를, 평지에서는 수내천 등 구불구불한 자연형 하천 습지를 만들며 다양한 모습의 내륙 습지를 형성하고 있다. 이곳은 과거 남방한계선이 있던 곳으로 비무장 지대의 생태를 관찰하기에 적합한 장소이며 생태적으로나 체험 장소로서나 매우 흥미로운 지역이다.

통일마을 일대에 넓게 퍼져 있는 내륙 습지는 자연 습지화된 경우가 대부분이고, 오리나무, 버드나무, 신나무, 물푸레나무 등 습지성 교목이 우세를 점하고 있다. 겨울에 주로 발견되는 조류는 두루미, 재두루미, 흰꼬리수리, 독수리, 말똥가리, 큰말똥가리, 잿빛개구리매, 물수리, 쇠황조롱이이고, 여름에는 뜸부기, 두견이, 새홀리기, 붉은배새매, 파랑새, 청호반새, 호반새, 꾀꼬리, 흰날개해오라기, 물총새, 봄·가을엔 비둘기조롱이, 학도요 등 나그네새들 등이 관찰된다. 계절별로 다양한 생물을 만나기에 좋은 장소이다. 고라니, 두더지, 족제비, 너구리, 오소리, 삵 등 포유류와 쌍꼬리부전나비, 상제나비, 쥐방울덩굴, 하눌타리 등 곤충과 식생에서도 다양한 종이 조사·관찰되고 있다.

파주시 진동면 동파리, 하포리, 서곡리, 용산리, 초리 등으로 구분되는 해마루촌 일대는 자연형 하천 습지와 야산 계곡 따라 형성되는 소규모 계곡형 습지나, 소택지, 둠벙, 묵논 등이 많다. 자연형 하천인 세월천은 비무장 지대 초리에서 흘러나와 용산리에 이르며, 갈대와 달뿌리풀, 줄, 버드나무, 귀룽나무, 신나무 군락이 분포하고 있다. 원시 식생으로 산지 습지의 전형적인 형상을 갖추고 있다. 이 숲에서는 박새, 파랑새, 붉은배새매, 꾀꼬리, 방울새 등이 번식

해마루촌 인근의 야생화

하며, 또한 쥐방울덩굴이 군락을 이뤄 이를 먹이 식물로 삼
는 상제나비나 모시명주나비를 쉽게 관찰할 수 있다. 멸종
위기 2급인 포유동물 삵이 가족 단위로 이동하는 모습이
기록된 곳이기도 하다.

한편 두루미과는 전 세계적으로 15종이 알려져 있으나,
우리나라에는 두루미, 재두루미, 흑두루미 3종만 겨울을
나고 있다. 간혹 캐나다두루미, 검은목두루미 등도 발견되
는데 대부분 이곳에서 관찰이 가능하다.

재두루미는 비교적 DMZ 일원에 두루 분포하고, 채류
기간 또한 두루미에 비하여 길다. 이동기에는 300~400마

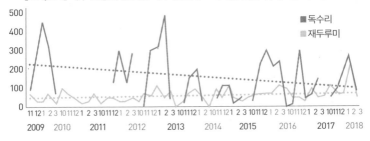

[그래프 4] 서부 민통선 및 한강 하구 일원에 도래하는 멸종 위기 2급 대표종 현황

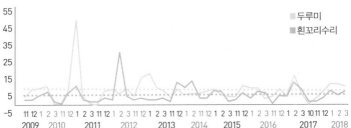

[그래프 5] 서부 민통선 및 한강 하구 일원에 도래하는 멸종 위기 1급 대표종 현황

리의 대규모 무리가 관찰되며, 10월경에는 성동 습지, 백연리, 장마루 습지에서 이동하는 모습이 관찰된다. 이듬해 3월이면 한강 하구 장항 습지, 일산대교, 성동 습지 등에서 대규모로 이동하는 모습을 관찰할 수 있다. 재두루미의 이동과 잔류의 특성에 따라 최근에 관찰되는 서식지도 많이 변하고 있다. 2007년까지는 재두루미의 최다 관찰 장소가 성동 습지였으나, 최근에는 초평도 일원과 장마루 습지 일원에서 관찰된다. 일산대교 하류와 이산포 부근에서 87마

리가 조사되었고, 최근 장항 습지에 무논 조성과 먹이 주기로 인해 300여 개체가 일시적으로 월동했다. 이동기에는 한강 하구와 임진강 하구에서 북상하기 전에 1주일 정도 머무는 것이 관찰된다. 점원리 일부 농경지, 연천 임진강 상류, DMZ 내부 사천강 일원과 장항 습지에서 잠을 자고, 임진강 하구와 한강 하구, 주변 농경지에서 먹이 활동과 휴식을 취하는 것으로 조사되었다.

재두루미는 한때 개체 수가 급격히 감소하여 우려가 컸는데, 최근 관찰 개체 수가 증가하는 경향을 보이고 있다. 그런데 이 증가분은 한강 하구의 상황이 너무 나빠져서 한강 하구에서 월동하던 개체들이 DMZ 일원으로 몰린 것으로 추정된다. 환경적 위협이 증가한 것이다. 11월에 관찰 개체 수가 194개체로 가장 많았고, 150여 마리가 꾸준히 월동하는 것으로 조사되었다.

두루미는 시베리아의 우수리 지방과 중국 북동부, 일본 홋카이도 동부 등지에서 번식한다. 겨울에는 중국 남동부와 한국의 비무장 지대에서 겨울을 나며, 세계적으로 2천여 마리밖에 없는 멸종 위기의 조류로 천연기념물 제202호(1968년 5월 30일)로 지정되었다. 국제조류보호회의(ICBP)와 국제자연보전연맹의 『적색 자료 목록 2 *Red Data*

Book2』에는 국제보호조 부호 제46호로 등록되어 있다. 민간에서는 평화와 장수의 상징으로 여겨져 예로부터 정월에 두루미를 보면 무병장수하고, 행운이 깃든다는 설이 전해지고 있다.

두루미는 임진강의 얕은 여울과 주변 산간 지역인 율무밭에서 활동하는데 대부분의 두루미들이 개활지를 선호한다는 점에서 이 지역의 두루미는 특이한 유형으로 분류된다. 연천의 율무 생산량은 전국 생산량의 70퍼센트를 차지하기 때문에 두루미는 임진강 일대 민통 지역 어느 곳에서나 쉽게 율무밭을 찾아 먹이를 구할 수 있다. 임진강 여울은 두루미들에게 천혜의 서식처를 제공하는 최적의 장소이다. 강추위에도 여울이 얼지 않고, 인적이 드문 민통 지역에 위치해서 두루미들이 안심하고 쉬거나 먹이를 공급받을 수 있다. 최근에는 연천과 파주의 경계인 반정리에서 월동하는 개체 수가 늘고 있다.

특이한 조류로는 비둘기조롱이가 있다. 과거에는 제주도 지역에 잠시 머물다 가는 나그네새[15]로 알려졌으나 2007년 9월 공릉천 하구에서 7마리, 문산읍 마정리에서

15　북쪽 번식지로부터 남쪽 월동지로 이동하는 도중에 봄, 가을 두 차례 한 지방을 지나는 철새.

15마리, 민통선 임진각 습지 일원에서 18마리가 관찰되고, 약 2주 정도 활동하는 것으로 조사되었다. 2008년과 2009년에도 비슷한 수가 관찰되었으며, 특히 2009년부터 최근까지 판문벌과 사천강 하구 등 남방한계선 근처에서 다수 발견되어 남북을 오가는 나그네새로서 의미가 커졌다.

6

연천

연천지질생태네트워크 활동가 백승광

연천에서는 매년 10월 말부터 다음 해 3월 하순까지 천연기념물 제202호 두루미와 제203호 재두루미가 도래하여 월동하고 있다. 파주·철원 지역의 두루미류들이 논에서 낙곡을 먹는 것과 달리 연천 두루미는 주변 산간 지역인 율무밭에서 율무를 먹는 것이 특징적이다. 이 때문에 연천 두루미를 율무두루미[16]라고도 부른다. 이들 율무두루미는 임진강의 얕은 망제 여울과 필승교가 위치한 남방한계선 일대의 여울에서 잠을 자고, 동물성 먹이를 섭취하며, 주변 율무밭에서 취식을 한다.

두루미는 일반적으로 경계심이 강하다. 잠자리를 고를 때 천적의 접근을 알아채거나 막을 수 있는 시야가 넓게 트

---

16   백승광, 「연천 율무두루미 보존을 위한 연구」, 한탄강 지키기 운동 본부, 2019

필승교 여울에서 휴식 중인 두루미

인 공간, 곧 벌판이나 물가 등을 선호한다. 임진강 여울은
민통선 북쪽에 입지한 관계로 인적이 드물고, 강추위에도
얼지 않는다. 안정적으로 휴식을 취하고 잠을 잘 수 있는
공간이다. 맑은 임진강 필승교 여울에서 단백질 보충을 위
해 다슬기와 물고기를 사냥하고, 산중턱 율무밭에서 율무
먹는 것을 유조(留鳥)에게 학습시키는 모습은 파주, 철원
의 두루미들과는 또 다른 탄성을 자아낸다.

멸종 위기 야생생물 1급이자 DMZ 지표종인 두루미는
2004년 1월에 64마리가 월동했으나, 2021년 1월에는 461마

멸종 위기 야생생물 1급	• 수달, 두루미, 검독수리
멸종 위기 야생생물 2급	• 포유류: 삵, 담비, 하늘다람쥐 • 양서파충류: 구렁이, 맹꽁이 • 어류: 묵납자루, 돌상어, 꾸구리, 가는돌고기
한반도 고유종	• 식물: 외대으아리, 할미밀망, 은꿩의다리, 매자나무 등분홍장구채(17종) • 포유류: 멧토끼(1종) / 양서파충류 : 한국산개구리(1종) • 어류: 참종개, 새코미꾸리, 줄납자루, 쉬리, 어름치 등(24종)

경남과학기술대학교 조경학과 이수동(2019)
[표 3] 연천 DMZ 일원의 멸종 위기 야생생물 목록

리가 관찰되었다. 두루미와 함께 재두루미는 2004년 1월 21마리에서 2021년 1월 705마리로 늘었다. 이외에도 흑두루미, 시베리아흰두루미, 검은목두루미, 검독수리, 흰꼬리수리, 큰기러기, 큰고니와 같은 멸종 위기 야생생물이 임진강 상류를 중심으로 DMZ 일원에 월동하고 있다.

2017년 6월 희귀종 등뿔왕거미가 연천 민통선 내부에서 관찰되었다. 등뿔왕거미는 2006년 월악산에서 국내 처음으로 발견된 후 자취를 감췄기 때문에 연천에서의 발견은 큰 의미를 지닌다.

안월천 하류 지역은 군남 홍수 조절댐 건설 사업으로 논

(위) 등뿔왕거미 © 국립공원관리공단
(아래) 인삼밭으로 변한 농경지 사이의 재두루미 가족

6만여 평이 홍수터[17]가 된 곳이다. 두루미, 재두루미에게 안정적으로 먹이를 공급하던 논이 홍수터가 되면서 수자 원공사는 일부 논을 두루미 대체 서식지로 조성했으나, 관리 부실로 그 기능을 상실했다. 이 지역을 복원하기 위해서는 생태계 교란 식물인 단풍잎돼지풀의 유입을 막고, 갈대와 억새 등 장경 초본 및 육상식물이 번성하지 않도록 4~10월에는 논 수몰지에 수심 30센티미터 이상으로 물을 가둬야 한다. 한편 대체 서식지 인근의 논과 밭이 최근 인삼밭으로 바뀌고 있는데, 두루미류의 먹이터 축소뿐 아니라 안월천 논습지의 생물 다양성 감소에도 영향을 줄 수 있어 우려된다. 홍수터로 방치된 논을 복원하는 일이 절실하다.

이와 더불어 안월천 논 수몰 지역의 우수한 생태 자원과 생물 다양성을 보전하기 위해서는 무논을 유지하는 것이 현안이다. 2021년 6월 11일, DMZ 일원의 민북 지역인 강내리 안월천의 홍수터(논 3만여 평)를 〈평화농장〉이라 명명하고 첫 모내기를 했다. 남북평화교류의 교두보를 만들기 위해 통일부, 경기도, 전국농민회, 지역 NGO가 힘을

17   평수기 때에는 물의 흐름이 없으나 홍수 시 침수되는 하천이나 주변의 구간 및 장소.

연천 왕징면 DMZ 일원 〈평화농장〉 모내기 광경

모은 결과이다. 〈평화농장〉에서 수확된 벼는 90퍼센트가
공익을 위해 쓰일 예정이며, 그 중 10퍼센트는 DMZ 일원
에서 서식하는 두루미와 기러기류의 먹이로 제공된다. 또
한 홍수터 1만여 평에는 경작으로 인해 지형이 달라진 것에
예민하게 반응할 두루미류에게 안정을 취할 수 있도록 완
충 습지를 조성했다.

　연천에서 율무를 재배하는 농가는 256세대로 이들은 전
국 율무의 65퍼센트를 생산한다. 하지만 농업 인구가 고령
화되면서 율무밭을 인삼밭으로 전환하고 있다. 고소득을

기대할 수 있을 뿐만 아니라 재배가 수월하기 때문이다. 다만 최근 들어 그 속도가 빨라진다는 것이 문제이다.

연천 민북 지역 일원은 고가의 6년근 인삼 재배가 가능한 지역으로 100만 평의 인삼밭이 조성되어 있다. 이 중 94만 평은 허가 농가이고 6만 평은 신고 농가이다. 민간인 통제구역에서 인삼 재배가 성행하는 이유는 지역 특성상 군부대가 출입을 엄격히 관리하고 있어 고가의 인삼이 도난당할 위험이 상대적으로 적기 때문이다. 그리고 이곳 토양이 인삼을 재배하기에 알맞다.

그러나 농경지가 인삼밭으로 전환되면 인삼 재배에 사용되는 고독성 농약과 제초제가 두루미류의 월동에 나쁜 영향을 미칠 수 있다. 마찬가지로 인삼 재배를 위한 시설물 역시 두루미에게 영향을 줄 수 있다. 2021년 1월, 농경지가 집중된 왕징면 강서리에서 어린 두루미 한 마리가 착륙에 실패하면서 날개가 부러졌다. 우리가 바로 구조했지만, 두루미는 결국 죽고 말았다. 인삼밭을 피해 내려앉다가 벌어진 일이었다.

민통선 북상은 연천이 안고 있는 또 하나의 과제다. 유네스코 임진강 생물권 보전의 핵심 지역인 임진강 상류 삼곶리 민통 5초소가 민북 지역인 횡산리로 북상함에 따라 두

인삼밭으로 피하다가 날개가 부러진 두루미(좌). 구조했으나 결국 죽고 말았다(우).

루미와 재두루미가 잠자리로 이용하는 망제 여울이 개방되었다. 그에 따라 관광객, 사진가 등에 의한 환경 교란이 발생할 것으로 예상되며, 이는 두루미 개체 수 감소로 이어질 가능성이 높다. 또한 두루미 잠자리 일원에 부재지주가 70퍼센트가량의 토지를 소유하고 있는데, 이 지역을 대상으로 무분별한 개발이 이루어질 것으로 우려된다. 민통선 축소 혹은 북상은 지역 주민에게도, 두루미에게도 또 다른 생존권의 위협이 되고 있다.

유네스코 생물권보전지역은 법적 강제력이 없고, 다른 보호 구역처럼 별도의 규제가 없지만, 유네스코와 대한민국, 연천군과의 규약은 엄연히 존재한다. 유네스코 생물권

보전지역으로 지정되면, 해당 지역은 자국 관련 법률에 따라 핵심 지역[18], 완충 지역[19], 협력 구역[20]으로 세분화되어 체계적으로 관리해야 된다.

연천에서 꼭 보호해야 할 민북 지역인 임진강 상류의 연천군 중면 횡산리(409ha), 중면 삼곶리(52.8ha), 왕징면 강내리(25.2ha), 왕징면 강서리(20.9ha)가 핵심 지역으로 특히 두루미류들의 채식지, 휴식터, 잠자리인 필승교, 망제여울 등은 모두 횡산리에 소재하고 있다. 필승교 일원에는 10만여 평의 용암 대지가 만들어 낸 논이 있어 두루미류가 서식하기에 더없이 좋은 환경이다.

연천은 2019년에 임진강이 유네스코 생물권보전지역으로 지정되었고, 2020년에 한탄강 유네스코 세계지질공원 인증을 받았다. 또한 연천이 포함되는 DMZ는 유네스코 세계 유산 등재를 목표로 하고 있다. 이 세 가지는 유네스코 3대 보호 프로그램이다. 유네스코 세계 유산 등재까지는 아직 갈 길이 멀겠지만, 이미 유네스코 2관왕을 달성

18　core zone. 철저하게 보호되는 생태계로 구성되어 있으며, 생태계·종·유전적 변화를 보존하는 데 기여하는 곳.

19　buffer zone. 핵심 지역을 둘러싸고 있으며, 과학적 연구·모니터링, 교육을 강화할 수 있는 건전한 생태학적 활동이 이루어지는 곳.

20　transition zone. 생태학적으로 지속 가능한 사회·문화·경제적 활동을 촉진하면서 가장 활발한 활동이 가능한 곳.

한 연천은 세계적으로 그 가치를 인정받은 곳이다. 적극적인 보전 활동을 통해 2024년과 2028년 세계지질공원 재인증, 2029년 생물권보전지역 재지정의 관문을 통과하기 위한 노력이 필요하다.

2021년 7월 현재, 우리나라 인구 약 5183만 명 가운데 절반이 넘는 2604만 명이 서울과 경기도, 인천에 살고 있다. 이처럼 인구가 밀집한 수도권에서 연천은 유일하게 두 가지 유네스코 보호 프로그램에 속해 있는 곳이다. 또한 이 두 가지는 연천 역사에서 가장 최근에 일어난 사건으로 과거 어떤 사건들보다 연천의 현재와 미래에 큰 영향을 끼칠 것이 분명하다.

따라서 연천이 유네스코 2관왕이 되었다는 것은 그저 지역의 명물로 올라섰다는 의미에 그치는 것이 아니다. 인구가 밀집해 있고 개발이 집중된 수도권에 위치하면서도 세계적인 가치를 지닌 유산을 보유한다는 점에서 국제적 책무도 함께 진다는 의미이기도 하다.

국제 사회 공동의 목표는 지역을 통해 완수된다. 세계는 지역을 고려하고, 지역은 세계를 지향하는 것이다. 〈Think globally, act locally〉라는 유명한 문구가 있다. 〈지구적으로 생각하고 지역적으로 실천한다〉, 〈세계적인 목표를 향해 지역에서 실천한다〉라고 풀이할 수 있다.

〈로컬local〉은 〈변방〉이나 〈주변부〉가 아니라 〈현지(現地)〉의 의미로 각인되어야 한다. 지속 가능한 발전이라는 국제 사회 공동의 목표를 실현할 때, 모든 나라, 모든 지역은 저마다의 책무를 다하는 〈로컬〉이 되는 것이다.

인간이 만들어 낸 기후 위기, 생태 위기로 조류인플루엔자, 메르스, 아프리카 돼지열병, 코로나바이러스 등이 끊이지 않고 발병하고 있다. 이 위기 속도를 늦추고 경감시키기 위해 자연과의 공존을 위한 정책이 필요한 시점이다.

7
철원·화천·양구

한반도야생동물연구소 소장 한상훈

들어가며

비무장 지대는 한반도 허리에 해당하는 중부 내륙 지역을 서해에서 동해까지 동서로 약 248킬로미터, 군사분계선을 중심으로 남북 각 2킬로미터를 아우르는 허리띠 모양의 지역이다(면적 907km²). 비무장 지대 남방한계선에서 남쪽으로 10킬로미터 이내인 민간인 출입통제구역(면적 1,249km²), 곧 DMZ 일원과 합치면 총면적 2,156제곱킬로미터에 이른다. 대한민국 수도 서울 면적(605km²)의 약 3.5배이고, 우리나라 자연 보호 지역 가운데 가장 면적이 큰 지리산 국립공원(471.8km²)의 4.5배에 해당한다. 그만큼 광활한 국토 면적을 차지하고 있는 지역이며, 특히 1953년 남북의 군사분계선이 그어진 이후 오늘날까지 70년간 개발이 전혀 이루어진 적이 없는 천혜의 자연 지역이다.

남북한의 정치·군사 대립으로 DMZ의 자연과 생물 자원에 대한 조사는 오랫동안 제대로 이루어지지 못했다. 1980년대 중반 이후에야 경기도와 강원도, 환경부, 문화재청·산림청 등 지자체와 정부 부처에 의해 민통선에 대한 단편적인 조사가 이루어졌고, 본격적인 조사는 2008년부터였다. 그해 환경부와 국방부가 협약을 체결하고, 유엔사령부의 승인을 얻어 처음으로 비무장 지대 자연과 생물에 대한 현장 조사가 진행되었다.

강원권 DMZ의 자연 생태계와 주요 특성

강원권 DMZ는 행정구역으로는 5개 군으로 이루어져 있다. 중부 내륙 평야 곡창 지대로 유명한 철원군, 백두대간 한북정맥을 경계로 비목의 고장으로 산수가 수려한 화천군, 한반도 정중앙 양구군, 군 면적 약 90퍼센트가 산악 지대로 한반도 척추로 일컬어지는 백두대간이 지나가는 인제군, 드넓은 동해와 접하고 생태학적으로 금강산 생물권에 속하는 고성군 등이다.

강원권 DMZ의 자연 생태계는 평야, 구릉, 계곡, 하천, 호소(湖沼), 험준한 산악, 남북과 동서로 연이어진 해발

1,000미터 이상의 산줄기, 거목이 즐비한 천연 산림, 석호, 모래 해안 등으로 이루어져 있다. 한반도 고유의 지형과 지질적 특성을 모두 가지고 있어 우리나라에서 생태계다양성이 가장 우수한 지역으로 꼽힌다. 이는 서해 연안에서 평야, 구릉과 저산 지대로 이루어진 경기도와 비교된다. 강원권 DMZ는 그 생태계 다양성과 지형·지질 특성을 바탕으로 아래와 같이 크게 세 가지 유형으로 구분할 수 있다.

① 중부 내륙 평야 지대
- 행정구역: 철원군
- 자연 생태계 유형: 습지, 하천, 초원과 구릉, 낮은 키나무숲, 한북정맥 산악 지대 등
- 야생동물 서식과 생태적 특징
  - 국제적 멸종 위기 조류 두루미와 재두루미 등 두루미류와 독수리, 흰꼬리수리, 검독수리 등 수리류의 최대 월동지
  - 많은 초원성·습지성 조류 번식지
  - 고라니, 삵, 수달 등 중소형 포유류의 서식지
  - 한반도 내륙에서는 희귀한 대규모 현무암 지대로, 겨울철에도 땅속에서 솟아나는 온천수에 의해 생긴 얼지 않는 물웅덩이가 다수 존재함. 지구 온난화 영향으로 습지 환

경을 선호하는 물총새, 백로, 왜가리 등 여름 철새 중 일부가 연중 서식하는 경향을 나타내고 있음.

②　중동부 산악 지대

• 행정구역: 화천군, 양구군, 인제군

• 자연 생태계 유형: 습지, 하천, 호소, 고층습원, 키 큰 나무숲, 높은 산악 지형, 험준한 산간 계곡, 울창한 삼림 및 백두대간 산줄기

• 야생동물 서식과 생태적 특징

– 한반도 자생 국제적 멸종 위기 야생동물 사향노루, 반달가슴곰 야생 생존 개체군의 대한민국 마지막 자연 서식지

– 국제적 멸종 위기 야생동물 산양의 최대 개체군 서식지

– 북방계 야생동물과 식물의 최대 서식지 및 남북의 중요 생태 통로

– 여름 철새(산림성 조류)의 주요 번식지

– 한반도 핵심 생태축 백두대간과 DMZ가 만나는 자연 생태계 지역

– 북쪽에서 범(호랑이와 표범)이 내려 올 경우, 가장 핵심적인 이동 경로에 해당

③ 동해 연안 지대

- 행정구역: 고성군
- 자연 생태계 유형: 습지, 동해 유입 하천, 초원과 구릉, 낮은 키 나무숲, 사구, 해빈(海濱), 석호 등
- 야생동물 서식과 생태적 특징

  – 고니(백조)류, 갈매기류, 해양성 오리류 등 물을 선호하는 조류의 월동 서식지

  – 오리류, 바다오리류 등 이동 경로상 채식지 및 휴식지, 월동지

  – 러시아 연해주 및 사할린 번식 해양성 포유동물 물범류, 물개, 큰바다사자 등 바다 포유류의 겨울철 서식지

  – 연어, 황어, 은어 등 회유성 어류의 주요 산란지

  – 석호, 모래 해안 등 특이 생태계의 자연성과 고유성을 유지하고 있는 대한민국 유일한 해안 생태계 지역

강원권 DMZ를 상징하는 주요 야생동물

DMZ에는 수많은 야생생물 종이 살아가고 있다. DMZ의 야생생물을 조사하기 시작한 것은 민통선은 1980년대 중반 이후부터, 비무장 지대는 2008년 이후이다. DMZ에서 서식하고 있는 것으로 밝혀진 많은 야생동물 가운데 DMZ

의 자연 환경 특성과 종과 서식지 보전의 세계적 관점에서 상징성이 큰 야생동물을 추천해 본다. 단연 그 선택 기준은 첫째 대한민국에서 야생 상태로 DMZ에서만 유일하게 생존·관찰되는 야생동물로, 둘째 국제적 멸종 위기에 처해 있어 학술적·문화적으로도 매우 중요한 종으로 삼는다.

DMZ를 대표하는 우리나라 야생동물로는 조류인 두루미와 포유동물인 사향노루와 반달가슴곰(한반도 자생 야생 개체) 3종이 있다.

① 두루미(단정학)

- 영문명: Manchurian Crane
- 학명: Grus japonensis
- 보호: 천연기념물 제202호(1968년 5월 30일 지정), 멸종 위기 야생생물 I급

– 과거부터 두루미는 장수하는 십장생 동물의 하나로서 성스러운 새로 널리 알려져 왔다. 실제로 야생조류 가운데는 매우 드물게 수십 년을 산다. 매년 월동과 번식하는 지역은 한번 정착한 뒤로는 바꾸지 않는 습성을 지니고 있어, 서식지 주변의 인간 사회와 수천 년 동안 독특한 관계를 맺어 왔다. 이러한 두루미–인간의 관계 문화는 우리나라뿐

(위) 두루미와 재두루미, 흑두루미 3종이 더불어 날아가는 모습. 전 세계에서 유일하게 강원도 철원에서만 볼 수 있는 광경이다. 2005년 2월 11일 ⓒ 심상국
(아래) 여명이 찾아오는 철원 한탄강 두루미 잠자리 풍경. 두루미는 새벽부터 먹이 활동을 위해 가족 단위로 행동한다. 2007년 1월 3일 ⓒ심상국

만 아니라, 일본, 중국 등 동북아시아 국가 간에 공유하는 두루미 문화를 형성하고 있다.

매년 10월 하순부터 이듬해 3월까지 두루미, 재두루미와 흑두루미 3종의 두루미류가 우리나라를 정기적으로 찾아오는데, 이 중 강원도 철원군 중부 내륙 평야 지대는 동북아 특산종 두루미(단정학)의 최대 야생 월동 남방 한계 지역으로 꼽는다. 재두루미와 흑두루미가 남쪽 경남 주남 저수지와 전남 순천만, 충남 서산 등에서도 월동하는 것과 달리 두루미는 DMZ에서만 월동한다.

전 세계 두루미의 생존 개체 수는 약 3,050여 마리(북해도 두루미 개체군 1,200여 마리 포함)이며, 그중 야생 자연 생존 개체 1,850마리의 89.4퍼센트 이상인 1,655마리가 월동을 위해 DMZ를 찾고, 봄이 되면 번식지인 시베리아로 이동한다. 1990년대 북한의 수해 피해로 북한에서 월동하던 두루미 약 200여 마리가 1996년경부터 철원 DMZ로 남하하여 월동하기 시작했는데 현재 북한에서 자연 월동하는 두루미 개체는 거의 찾아볼 수 없다. 두루미는 과거에는 경기도 김포, 인천광역시, 강화도 등에서도 월동했지만, 개발 등의 영향으로 현재 10마리 이하만 겨우 관찰되고 있다.

2장 DMZ 생태 이야기

(위) 강원도 접경 지역에서 매년 자연 증식에 성공하고 있는 야생 사향노루 어미와 새끼. 2021년 7월 18일 촬영 © 한상훈

(아래 좌) 강원 접경 지역의 야생 사향노루 수컷 성체. 2017년 5월 4일 촬영 © 한상훈

(아래 우) 사향노루 암컷 어미와 새끼. 2016년 6월 27일 촬영. © 한상훈

② 사향노루

- 다른 이름: 궁노루
- 영문명: Siberian Musk Deer
- 학명: Moschus moschiferus
- 보호: 천연기념물 제216호(1968년 11월 22일 지정),
멸종 위기 야생생물 I급

- 사향노루는 우리나라의 사슴류 가운데 체구가 가장 작다. 국제적으로는 유라시아 대륙 중부 히말라야에서 한반도에 이르는 소위 시베리아 동부 지역에 분포한다. 우리나라 사향노루는 러시아 연해주와 중국 동북부 지역을 포함한 동북아시아 지역 특산종으로 알려져 있다.

사향노루는 수컷의 고환과 배꼽 사이에 사향을 저장하는 사향주머니를 지니고 있는데 예부터 이것을 고가의 약재와 향료로 사용하면서 우리나라뿐만 아니라 국제적으로도 멸종 위험에 놓여 있다.

현재 한반도 중부 이남 지역에서는 절멸하였고, 남한에서는 강원권 DMZ에서만 겨우 수십 마리가 생존해 있다. 사향노루는 사슴의 원시 선조 동물로 〈살아있는 화석 동물〉로도 불릴 만큼 학술적 가치가 매우 높은 국제적 희귀종이다. 이에 남북한이 모두 국가적 보호 야생동물로 지정하여 보호하고 있다.

DMZ의 사향노루는 한반도 멸종 위기 야생동물 복원 사업에 있어 매우 중요한 종이다. DMZ 평화·생명의 상징적 동물로서 남북 정부 차원에서 논의 중인 멸종 위기종 복원 공동 남북협력사업의 최우선 종으로 제시되어 있다.

③ 반달가슴곰
- 영문명: Asiatic Black Bear
- 학명: Ursus thibetanus ussuricus
- 보호: 천연기념물 제329호(1982년 11월 16일 지정), 멸종 위기 야생생물 I급

– 반달가슴곰은 남한 내륙에서 현존하는 야생동물 중 몸집이 가장 크다. 지리적으로 한반도와 러시아 연해주 및 중국 동북부 지역에서 서식하고 있는 동북아시아 지역 특산 아종으로 알려져 있다.

현재 야생 반달가슴곰은 한반도 남부 지역에서 웅담 채취를 목적으로 한 밀렵으로 거의 절멸했고, 2004년부터 국가 정책으로 북한, 러시아 연해주 및 중국 동북 지역에서 도입한 반달가슴곰을 지리산 국립공원에 방사하여 종 복원 사업을 진행해 오고 있다.

DMZ 강원도 산악 지대에서 발견된 당년생 야생 새끼 반달가슴곰. 2018년 10월 촬영 © 국립생태원

반달가슴곰은 한민족에게는 단군신화에 등장하는 모신 (母神)적 존재이자 문화·역사적 상징성을 지닌 야생동물로 여겨진다. 한반도 자연환경의 생태적 핵심종이며, 남북한 모두 국가적 보호 야생동물(멸종 위기종 및 천연기념물)로 지정하여 보호하고 있다.

강원도 DMZ에서는 군 장병들에 의해 야생 반달가슴곰이 이따금 목격되고 있다. 2016년에는 인제군 DMZ 남방철책선 부근에서 반달가슴곰이 감시 카메라에 포착된 적이 있고, 2018년 10월 비무장 지대에서 장병들이 설치한 카메라에 어린 반달가슴곰이 찍힌 이후 매년 포착되고 있

2장 DMZ 생태 이야기

다. DMZ에서 발견되고 있는 극소수의 야생 반달가슴곰은 종 복원에 있어 순수 혈통을 지닌 한국산 반달가슴곰으로서의 의의를 지닌다.

맺음말

2018년 평창 동계올림픽을 계기로 남북한이 신평화·번영을 위한 새로운 관계를 형성한 지 만 3년이 지났다. 당시에 남북한 경제 협력을 위한 각종 청사진에 제시되었고, 거기에는 DMZ 개발에 관한 정책도 포함되어 있었다. 대표적인 사례가 강원도 철원군 DMZ 개발이다. 철원 평야 두루미 월동 지역에 남북 대규모 산업단지를 조성하고, 철원 지역 DMZ를 남북으로 관통하는 도로를 개설할 예정이었다. 그 외에도 정부와 지자체에 의해 DMZ와 접경 지역 관광, 산업 개발 계획이 무수히 발표되고 기획되었다.

현재 여러 국내외 요인에 의해 DMZ는 70년 전 분단의 모습 그대로를 유지하고 있다. DMZ의 현명한 이용과 보전은 현 세대의 몫이 아니라 미래 세대의 몫이다. 남북한 분단의 역사를 품은 역사 유산이자 세계적인 생태 가치를 지닌 자연 유산 DMZ를 인류 평화와 전쟁 종식을 위해 가능한 한 온전한 상태로 지켜 나가야 할 것이다.

8
인제

한국DMZ평화생명동산

〈하늘내린 인제!〉하늘에서 내린 천혜의 자연 환경을 간직한 고장을 의미한다. 인제 하면 설악산, 내린천, 대암산 용늪, 점봉산 곰배령, 향로봉, 아침가리숲, 그리고 최근에 유명해진 자작나무숲이 떠오를 것이다. 서울의 2.6배로 전국의 지방 정부 중 두 번째로 넓은 땅 구석구석에 아름답고 건강한 생태계가 자연 그대로 남아 있다.

백두대간과 DMZ가 교차하는 한반도의 대표적인 생태지역 향로봉, 인제군 전체 면적의 88퍼센트에 이르는 넓은 산림 지역, 수천 년의 생태계 신비를 간직한 대암산 용늪, 천상의 화원 점봉산의 곰배령, 래프팅의 원조 내린천 등 듣기만 해도 상쾌한 숲속 공기와 시원한 계곡, 아름다운 야생화가 눈앞에 펼쳐지는 것 같다.

〈하늘내린 인제〉라는 말이 과장이 아닌 것이, 국내 처음으로 대암산 용늪이 습지보호지역과 국제 람사르 습지로 지정되었고, 설악산이 국내 첫 유네스코 생물권보전지역으로 등재되었다. 이뿐만이 아니다. 문화재청에서 지정한 11개의 천연보호구역 중 제주도를 비롯한 섬을 제외하면 육상 천연보호구역이 총 네 곳이 있는데 이 중 세 곳이 인제군에 있다. 설악산 천연보호구역, 대암산·대우산 천연보호구역, 향로봉·건봉산 천연보호구역이 그렇다.

이처럼 인제는 어디를 가도 하늘이 주신 아름다운 자연과 건강한 생태계를 만날 수 있다. 여기에서는 그중에서도 세계적으로도 관심이 높은 DMZ 일원의 자연 환경에 대해 이야기하고자 한다. 한반도의 역사와 일생을 함께하고 있는 대암산 용늪, 6·25전쟁이 만든 가전리 습지와 한반도의 동서남북 광역 생태축이 만나는 향로봉 일대의 자연, 그리고 그곳에 살고 있는 동식물을 소개한다.

수천 년 생태계의 신비, 대암산 용늪

용이 하늘로 올라가다 쉬어 간다는 전설이 전해지는 인제의 대암산 용늪은 우리나라에서 처음으로 국제 람사르 습지로 등록되었다. 산 정상부에 위치하고 있어 비와 안개로부터 주로 물을 공급받고 있는 고층 습원이다. 짐작하건대,

옛날 사람들은 산나물을 꺾으러 올라갔다가 산 정상부에 사시사철 물이 마르지 않는 분지에 늘 안개가 자욱한 풍경을 보고 신비하게 여겼을 것이다. 그러다가 갑자기 날이 확 개면서 안개가 하늘로 훅하고 빨려 올라가는 모습이 흡사 용이 하늘로 올라가는 모습처럼 보여서 용늪이라고 부르지 않았을까.

황하와 인더스에서 세계 문명이 시작되고, 단군이 아사달에 도읍을 정할 무렵인 약 4,500년 전 즈음 용늪도 조금씩 만들어지기 시작했다. 한반도의 역사와 민중의 삶을 대암산 정상부에서 오랜 세월 지켜보며 함께 살아 온 것이다. 사람들은 과거를 기억하기 위해 타임캡슐을 땅에 묻지만 용늪은 자연의 역사가 고스란히 땅속에 묻혀 있다. 언제 소나무가 살았고 참나무는 언제 처음 들어왔는지 당시의 기온과 대기 상태는 어떠했는지를 이탄층(泥炭層)을 통해 알 수 있다.

이탄층이란 식물이 죽은 뒤에도 채 썩지 않고 늪 등에 쌓여 말랑말랑해진 지층의 일종이다. 용늪에는 평균 1~1.8미터 정도가 쌓여 있다. 용늪에서 이탄층이 발달할 수 있었던 이유는 겨울이 길고, 물기가 많아서이다. 연중 5개월 이상이 영하의 기온으로 춥고, 눈이 양도 많고 긴 기간 내려서 식물이 죽어도 잘 썩지 않는다. 게다가 물기가 많아서 땅속 소동물이나 미생물이 활발하게 활동할 수 없기 때문에 분해가 잘 안 된다. 그러면서 오랜 세월 분해되지 않은 식물들의 사체가 쌓이면서 부풀어 올라 지하수나 지표수로부터는 물의 공급이 차단되고, 오로지 비와 안개로부터만 물을 공급받게 되었다. 그래서 용늪에 들어가면 부풀어 오른 이탄층이 마치 스펀지를 밟는 것처럼 푹신푹신하다. 한쪽에서 제자리높이뛰기를 하면 저 멀리 떨어진 곳에서도 땅의 진동을 강하게 느낄 수 있다. 그래서 용늪에 함부로 들어가면 안 된다. 사람이 들어가서 밟기 시작하면 부풀어 올라 있던 이탄층이 모두 가라앉고, 푹신푹신했던 것이 딱딱하게 망가져 결국 습지의 본 모습이 사라져 버리기 때문이다.

이렇게 지표수나 지하수가 공급되는 곳보다 높게 형성된 습지를 고층 습원이라고 한다. 보통 용늪을 소개할 때 국내 최대의 고층 습원이라고 하는데, 많은 사람들이 습지가 산 정상부에 있어서 그렇게 불린다고 착각한다. 그러나 고층 습원은 습지가 높은 곳에 있거나 산 정상부에 있다는 의미가 아니다. 조금 전문적으로 말하면, 퇴적된 이탄이 주위보다 높은 지형을 형성함으로써 지하수나 지표수보다 강수량에 의존하는 빈영양 상태(물속에 들어 있는 영양분이 적어 생산력이 낮은 상태)의 습지를 일컫는다.

용늪의 연평균 강수량은 약 1,489밀리미터로 우리나라 연평균 강수량 1,350밀리미터보다 약 139밀리미터 많다. 11월 중순부터 이듬해 4월까지는 눈이 내리고, 연평균 적설량도 260밀리미터로 많다. 겨울철의 낮은 기온이 4월 중순까지 이어져 겨우내 내린 눈이 용늪 전체를 두껍게 덮고 있다가 4월 이후 기온 상승과 더불어 서서히 녹으면서 용늪의 이탄층을 적셔 주는 것이다. 그리고 5월에서 9월 사이의 월평균 강수량이 100밀리미터가 넘고, 7월과 8월은 평균 300∼500밀리미터가 넘어 용늪에 많은 수분을 공급해 주고 있다. 게다가 연간 150∼170일 안개가 끼어 햇빛을 막아 주고, 안개로부터 수분을 공급받는다. 그래서 지하수나 지표수의 도움 없이도 습지가 유지될 수 있는 것이다.

이처럼 용늪의 특이한 환경은 다양한 생물이 살아갈 수 있는 기반이 되었다. 기생꽃, 닻꽃, 제비동자꽃, 조름나물, 큰바늘꽃, 참매, 까막딱다구리, 새호리기, 산양, 삵, 담비, 하늘다람쥐, 왕은점표범나비 등 멸종 위기 동식물 13종[21]

21   국립습지센터, 「2012년 습지보호지역 정밀조사」; 원주지방환경청, 「2015 대암산 용늪 습지보호지역 생태탐방 가이드라인 마련」

을 포함하여, 식물 514종, 조류 44종, 포유류 16종, 양서·
파충류 15종, 육상곤충 516종, 저서성무척추동물 75종 등
1,180종의 생물이 다양하게 모여 살고 있다.[22] 특히 물이끼,
사초, 끈끈이주걱 등 습지 식물과 한국 특산 식물인 금강초
롱, 모데미풀 등 특별한 식물을 만날 수 있다. 그리고 개통
발, 대암사초, 비로용담, 대암산집가게거미, 한국좀뱀잠자
리 등은 한국 어디에서도 볼 수 없는 용늪만의 생물이다.

그중 물이끼는 용늪에게 단연 중요한 식물이다. 멋진 외
형과 아름다운 꽃을 갖지 못해 뭇 사람들로부터 주목받고
있진 못하지만 자기 몸보다 훨씬 많은 물을 머금고 있다가
내어놓는다. 지표수와 지하수로부터 물을 공급받지 못하
는 용늪에게는 없어서는 안 될 중요한 식물이다. 실제로 기
후 위기 시대에 용늪과 같은 이탄 습지의 역할이 새삼 부각
되고 있다. 이탄 습지는 이산화탄소를 흡수하고 보관하는
탄소 저장고의 역할을 하는데, 이때 물이끼가 이산화탄소
의 흡수량을 높이는 핵심적인 역할을 한다. 이탄 습지는 지
구상에 약 400만 제곱킬로미터에 걸쳐 분포하고 있는데,
전 세계 탄소량의 1/3이 저장되어 있다고 알려져 있다. 용
늪과 같은 이탄 습지의 보전은 기후 변화에 대처하기 위해

22   국립습지센터, 앞의 자료

서라도 아주 중요하다.

용늪이 사람들에게 알려지기 시작한 것은 1966년 DMZ 생태계를 조사할 때이다. 미국의 스미소니언 연구소에서 DMZ 일원의 생태계를 조사하는 과정에서 용늪을 발견하고, 생태적 가치를 널리 알리면서 사회적 관심이 높아졌다. 이후 1973년 문화재청의 천연기념물 제246호로 지정되었고, 1989년 환경부의 생태경관보전지역, 1999년 습지보호지역, 2006년 산림청의 산림유전자원보호림 등으로 지정·관리되고 있다.

습지 보호를 위해 환경부에서 2005년 8월부터 2015년 8월 5일까지 10년간 용늪 내부의 출입을 금지하다가 2016년부터 큰용늪 내부를 포함한 일부 지역에 한해서 하루에 250명만 생태 탐방을 허용하고 있다. 그리고 산불을 예방하기 위해 출입 시기도 5월 15일부터 10월 31일까지로 제한하고 있다. 이렇게 제한적으로 탐방을 진행하는데도 용늪에 사람들이 다녀가면서 용늪의 생태계가 조금씩 달라진다는 이야기를 자주 듣는다. 예전에는 보호 초소 근처에 멧토끼도 나오고 용늪 내부에서 노루가 성큼성큼 뛰어가는 모습도 볼 수 있었는데, 최근에는 거의 나타나지 않는다고 한다. 그리고 탐방객들이 이동하는 주변에서 주요 식물이 사라지는 현상도 종종 나타난다. 보호한다고 하는데도 인간과 자연이 함께 살아가는 일이 쉽지 않은 모양이다.

자연의 위대한 복원, 논이 변한 가전리 습지

대암산 용늪의 동북쪽에 위치한 가전리 지역은 이북의 내금강과 외금강으로부터 60~70킬로미터 내외에 위치해 있으며, 과거에 남북으로 연결된 453번 지방도가 지나고 있다. 강원도 중동부의 백두대간이 남북으로 지나가고 있으며, 동으로는 향로봉(1,298m), 서로는 가칠봉(1,242m) 사이의 민간인 출입통제구역의 소양강 최상류 오른쪽에 위치해 있다.

과거 가전리는 내금강과 해금강을 이어 준 길목의 너른 뜰이었다. 백두대간 중 가장 낮은 삼재령을 넘어 북쪽으로는 내금강, 동쪽으로는 외금강으로 통하였다. 내금강까지는 DMZ를 지나 소양강의 발원지인 이포리를 거쳐 31번 국도를 따라가면 약 70킬로미터의 거리이다. 외금강까지는 DMZ를 지나 남강을 따라서 가면 약 60킬로미터 거리로 아주 가깝다. 6·25전쟁 전 가전리가 북쪽에 편입되어 있던 시절에는 주민들이 금강산으로 많이 놀러 다녔다고 한다. 새벽에 출발하여 열심히 걸으면 저녁나절에 내금강에

도착하여 저녁밥을 먹을 수 있었다고 한다.

가전리 일대는 6·25 전쟁 전에는 농업에 종사하던 300여 가구와 초등학교까지 있었던 비교적 큰 규모의 마을이었다. 양지의 볕을 잘 받았던 배양동 마을, 가마솥처럼 생긴 큰 소(沼)가 있었던 부연동, 가전리의 중심이 되는 밭이 많았던 가전(加田) 마을, 장승리로 넘어가는 길목의 돈평 마을이 제각기 터를 잡고 모여 살았다. 분지 내 도로를 따라 좌우 3킬로미터 인근에 집과 논 등이 펼쳐져 있었고, 도로를 따라 인북천 쪽으로는 주로 논이, 산 쪽으로는 집과 밭이 있었다고 한다. 그러나 6·25 전쟁으로 대부분의 마을은 사라졌고, 1953년 휴전 협정 이후에는 민간인 출입통제구역으로 설정되어 사람이 거주하지 않으면서 집과 밭, 논이 사라지고 그 자리가 숲과 습지로 변했다.

가전리 일대의 습지는 민통선 내부의 지뢰 매설 지역이라는 특수한 조건에 의해 사람들의 직접적인 간섭이 배제되었고, 점진적으로 자연성을 회복해 가고 있다. 신나무와 버드나무가 대규모로 군락을 이루어 자라고 있으며, 습지의 초기적인 천이 양상을 보여 준다. DMZ 일원에서 자연적으로 복원된 습지 가운데 연천의 사미천 습지와 함께 가장 규모가 크다. 쥐방울덩굴, 지리산오갈피, 키버들, 할

인제 민간인 출입통제구역 가전리 습지

미밀망, 고광나무, 금꿩의다리, 호랑버들 등 64과 213종
의 식물과 삵, 수달, 하늘다람쥐 등 16종의 포유동물, 나비
43종이 발견되었다.

　가전리 일대가 군사보호구역이라서 일반에는 지도가
거의 공개되어 있지 않다. 다만 국토교통부에서 발간하는
「우리ᄀ람 길라잡이」라는 한국 하천 안내 지도에서 유일
하게 이곳의 전체 지형과 물줄기를 확인할 수 있다. 가전리
일대의 면적은 대략 25만 평 정도이고 부연동 계곡을 포함
하여 크고 작은 물줄기 7~8개가 습지를 관통하여 흘러가

　　　　　　　　　　　2장 DMZ 생태 이야기

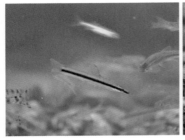

가는돌고기   어름치

다가 인북천으로 합쳐진다. 인북천은 소양강의 최상류로 휴전선 넘어 북쪽의 백두대간 무산에서 발원하여 DMZ 내부를 지나 가전리로 흘러든다. 이후 인제군 서화면을 지나 설악산에서 흘러오는 북천과 합류하고, 다시 내린천과 만나 소양강을 이룬다. 북쪽의 발원지 무산에서 인제 내린천과 만나는 지점까지 77.5킬로미터이다.

특히 가전리 일대의 인북천은 주변 환경이 잘 보전되어 있고 수질이 양호하여 다양한 민물고기가 살고 있다. 산간 계류의 수역에서만 서식하는 금강모치와 열목어를 비롯하여 가는돌고기, 돌상어, 쉬리, 어름치, 돌마자, 배가사리 등 멸종 위기종, 천연기념물, 한국 고유종과 같이 귀한 종이 많이 서식한다.[23]

23　환경부 멸종 위기 2급: 가는돌고기, 돌상어 / 한국 고유종: 쉬리, 어름치, 돌상어, 돌마자, 배가사리 / 천연기념물: 어름치 / 희귀종: 열목어, 금강모치

2012년 환경부에서 습지보호지역 및 람사르 습지로 지정을 추진했으나, 민간인 출입통제구역에 있어서 출입이 원활하지 못해 지정되지 못했다. 그러나 하천의 배후 습지로서의 생태적 가치는 여전히 높은 곳이고, 특히 사람의 간섭이 배제된 상태에서 자연의 힘에 의해 습지로 변한 곳이기 때문에 천이 과정에 대한 연구 가치도 매우 크다.

DMZ와 백두대간이 만나는 향로봉

향로봉은 강원도 인제군·고성군의 경계에 있는 산(1,293m)으로 남녘의 백두대간 산 중 가장 북쪽에 있다. 일 년 중 20여 일을 제외하고는 거의 안개가 끼어 있어서 〈봉우리에서 안개가 피어오르는 모습이 향을 피우는 것〉과 같다 하여 향로봉이라고 부른다. 한반도의 광역 생태축인 백두대간과 DMZ 일원이 만나는 지역에 위치하며 자연이 잘 보전되어 있다. 1973년 7월 10일 천연기념물 제247호인 〈향로봉·건봉산 천연보호구역〉으로 지정되었고, 면적은 약 83.3제곱킬로미터이다.

흔히 DMZ 일원이 오랜 기간 민간인의 출입이 통제되어 숲이 울창하게 잘 보전되어 있을 것이라고 착각하는데 실제로는 그렇지 못한 곳이 많다. DMZ 내부는 남과 북이 대치하고 있는 군사 지역이기 때문에 상대가 잘 보여야 한다. 나무가 많으면 서로 경계가 어렵기 때문에 주기적으로 풀베기 등을 하고, 봄철 산불도 자주 발생하기 때문에 원시림 같은 모습은 찾아보기 어렵다. DMZ 일원의 전 구간에서 숲이 가장 잘 남아 있는 곳이 칠절봉, 둥굴봉, 향로봉으로 이어지는 산줄기일 것이다. 전형적인 온대 낙엽활엽수림을 유지하고 있고, 우리나라 중부 온대림의 특성을 아주 잘 보여 준다.

특히 향로봉 남서쪽 인제 지역의 대곡리 일대에는 원시림이 형성되어 있고, 어른 여러 명이 함께 손을 잡아야 할 만큼 굵고 큰 전나무가 많이 자라고 있다.

능선에는 신갈나무, 물푸레나무, 가막꽃나무, 정향나무, 고로쇠나무 등이 서식하고 있고, 서쪽 계곡에는 사스래나무 군락, 함박꽃나무 군락, 까치박달 군락과 서어나무 군락이 발달해 있다. 여름철이면 수백 년 묵은 피나무의 꽃향기가 도처에서 진동할 만큼 피나무가 많은 지역이다.

이곳이 최근에 DMZ 평화의 길로 지정되어 지역 주민 해설가의 안내에 따라 진부령에서 칠정봉, 그리고 대곡리로 이어지는 탐방로를 걸을 수 있다. 금강초롱, 도깨비부채, 솔나리, 왜솜다리, 중나리, 말나리, 더덕, 만삼, 박새,

함박꽃나무   왜솜다리

피나무, 둥근이질풀, 꽃개회나무, 동자꽃, 산오이풀, 분홍
바늘꽃 등 다양하고 희귀한 야생화도 볼 수 있다. 평화를
상징하는 왜솜다리 최대 군락지도 볼 수 있고, 백두산에서
많이 자라는 아름다운 분홍바늘꽃도 반겨 줄 것이다. 머지
않은 미래에 설악산에서 출발하여 백두대간을 따라 향로
봉을 거쳐 DMZ 내부를 지나 북쪽의 금강산까지 이어지는
〈설악-금강〉 백두대간 트래킹을 떠날 수 있길 기대해 본다.

9

고성

고성군 문화재단 이사 김담

금강 습지에 노랑어리연꽃 피다

오래전 고라니가 물속을 헤엄치며 노랑어리연꽃의 샛노란 꽃잎을 날름날름 따먹는 장면을 텔레비전으로 보았다. 물속을 헤엄치는 고라니는 놀랍지 않았으나 꽃잎을 따먹는 고라니는 낯설면서도 기이해 보였다. 그러나 마을 어른들이 〈놀기〉라고도 부르는, 암수 모두 엄니를 가진 고라니는 사시사철 농민들의 원성을 샀다. 논밭 작물을 망치기 때문이었다. 고라니는 숲에 들어가지 않아도 마을 냇가나 산 기스락, 때로는 마을 한가운데에서도 흔히 볼 수 있었으며 그런 까닭에 〈찻길 사고〉를 가장 많이 당하는 야생동물이기도 했다.

야생동물이지만 고라니가 오갈 수 있는 곳은 매우 제한적이다. 한국 전쟁 뒤 정전 협정을 맺을 때 군사분계선 즉,

휴전선이 그어졌다. 이 군사분계선으로부터 남과 북은 각각 2킬로미터씩 후퇴하여 비무장 지대를 설정함으로써 강원도 고성군은 남과 북으로 나뉘어졌다. 남쪽으로 2킬로미터 지점에 남방한계선 철책선이 세워졌고, 거기서부터 또다시 남쪽으로 5~20킬로미터에 이르는 지점까지 민통선으로 정해졌다. 날 수 없는 고라니는 이렇게 군사용 철책선과 농사용 전기 울타리에 갇히고 말았다. 중국 일부 지역과 한반도에 서식하는 고라니는 우리나라에서는 유해 조수이지만 국제자연보전연맹이 지정한 멸종 위기종이다.

호랑이와 여우, 표범과 늑대는 사라지고 없지만 큰 산인 건봉산과 백두대간과 DMZ가 만나는 향로봉은 국가에서 정한 〈천연보호구역〉이다. 사향노루와 산양, 담비와 수달, 노루와 멧돼지, 삵과 오소리와 너구리들이 살고 있지만 마을에서는 어쩌다 담비와 삵, 수달과 너구리를 볼 수 있을 뿐이며 멧돼지는 고라니와 마찬가지의 처지이다. 아프리카돼지열병의 전염을 방지하기 위한 대책으로 도로 주변은 물론 논밭 가장자리에 쇠울타리를 쳤다. 그런 까닭에 큰 산으로 가지 못하는 멧돼지들은 제 식구들을 이끌고 마을 안팎과 산기슭 주변을 숨바꼭질하듯 다녔다. 예전에는 가죽을 얻기 위해 담비와 수달을, 곰의 쓸개에 버금간다는 쓸개를 얻기 위해 오소리를 잡았다면 지금은 전염병을 방지하기 위해 때때로 포수를 동원하여 멧돼지를 사살하고, 바이러스에 전염된 양돈 돼지들은 살처분한다.

고라니와 멧돼지들이 사람들에게 쫓기고 있는 동안, 새롭게 조성한 화진포 호수 옆 〈금강 습지〉에는 노랑어리연꽃이 활짝 피었다. 2018년 동해안의 대표적인 석호인 화진포 호수 주변에 금강 습지를 비롯한 네 개의 인공 습지를 조성했고, 각각의 습지들은 같으면서도 달랐다. 그 가운데 금강 습지에는 노랑어리연꽃과 수련을 식재했고, 이제는 제법 그럴듯한 연못이 되어 꽃을 피웠다. 하루쯤 지나면 시들고 말지만 부채붓꽃과 타래붓꽃들이 피었다 지고 없는 가운데 백색의 수련과 샛노란 노랑어리연꽃은 더욱 도드라졌다. 그렇지만 습지 주변은 이미 갈대밭으로 변해 버렸다.

일 년에 서너 차례 개 터짐[24]이 발생하여 담염호(淡鹽湖)인 화진포 호수는 본 적 없는 남생이와 재첩 그리고 배대미(감성돔 새끼), 숭어, 굴, 가시고기 등이 있었고, 겨울이면 빙어 낚시를 할 수도 있었지만 지금은 낚시 금지 구역으로 묶였다. 큰고니, 혹고니, 흰꼬리수리, 매 등 겨울 철새들이

---

24 민물이 바다로 나가거나 바닷물이 호수로 유입되어, 해수와 담수(淡水)가 만나는 일.

날아오기도 했지만 요즘에는 쉽게 볼 수 없다. 화진포 호수
에는 현내면 죽정리를 가로지르는 중평천과 거진읍 원당
리를 휘돌아가는 월안천이 흘러든다. 이 중평천과 월안천
어름에 죽정 습지가 있으며 주변에는 농경지가 있어 〈유용
미생물(EM) 발효액〉으로 습지를 정화하고 있다. 죽정 습
지에는 꽃창포를 식재했고, 꽃창포는 부채붓꽃과 타래붓
꽃보다 늦게 꽃을 피운다.

그 옛날 동해 북부선 기차가 오갔던 화진포 해변 한 귀퉁
이, 한 평 남짓한 곳에 〈순비기나무〉 떼판이 있다. 모래톱
에 기어가듯 자라는 떨기나무인 순비기나무는 제주도부터
해안을 따라 자라고, 고성군 화진포는 순비기나무의 북한
계선이다. 그렇지만 이곳 순비기나무는 사람들 발길에 밟
히는 것은 물론이고 크고 작은 쓰레기들이 모여들면서 점
점 그 자리가 옹색하게 좁아들고 있다. 해변 옆 솔숲에는
찔레꽃머리[25]가 되면 노루발꽃과 수정난풀 등의 풀꽃이 피
고 지지만 원산 명사십리 해당화만큼 유명했던 화진포 해
당화는 이제 흔히 볼 수 없게 되었다. 고성 지역 동해안 해
변은 초여름이면 갯메꽃과 갯완두, 갯씀바귀, 이어 해란초
와 통보리사초 등이 피었고, 뒤이어 갯방풍이 꽃을 피웠지

25   찔레꽃이 필 무렵. 곧 초여름.

(위) 화진포 해변
(아래) 각시수련.

만 사람들이 해변을 독차지하면서 해변 모래톱에 자라던 해안 식물들은 이제 그 흔적마저 희미해지고 있다.

고성 지역은 화진포와 송지호를 비롯하여 크고 작은 석호들이 있지만, 그 가운데 〈멸종 위기 야생식물 제비붓꽃, 조름나물, 각시수련 서식지〉라는 안내판만 덩그러니 서 있는 선유담은 아예 갈대밭으로 변했다. 그곳이 호수였는지 짐작하기도 어려운 지경이다. 주변에는 농경지가 늘어나고 주택들이 신축되고 있다. 바다와 연결되었던 물길도 끊어지면서 선유담은 이제 육지에 갇히고 논밭으로 둘러싸여 갈대와 버드나무, 줄과 골풀을 키우는 농경지 속 섬이 되었다. 호수 옆, 단원 김홍도의 그림으로 남아 있는 〈가학정〉 정자가 있었을 것으로 추정되는 정자 터는 무덤으로 변했으나 주변에는 처녀치마, 기린초 등의 꽃들이 피고 진다.

한반도 고유종, 특산종이라는 말은 달리 말하면 한반도에서 멸종하면 세상에서 다시 볼 수 없다는 뜻이다. 그러나 아무리 멸종 위기종이라고 말해도 흔하면 귀하게 여기지 않는다. 고성 송지호와 봉포호 사이에 있는 천진호는 휴전선 이남에서 드물게 멸종 위기종인 각시수련이 자생하는 곳으로 소개되지만 너른 듯 길둥그런 호수 주변을 둘러보면 고개를 갸웃거릴 수밖에 없다. 골재 공장에 짓다 만 병

　　　　　　　　　2장 DMZ 생태 이야기

원 건물 옹벽에 또 학교 건물들로 둘러싸인 것도 모자라서 얼마 전에는 큰 아파트 단지가 들어섰고, 아파트로 진입하는 도로는 호수 옆에 옹벽을 세워 만들었다. 호수 가장자리 얼마만큼은 또 논밭이어서 깨끗하고 순정한 꽃을 피우는 각시수련은 마치 논밭에 세를 든 꼴이 되었다. 애기수련이라고도 하는 각시수련은 휴전선 이북 황해도 장산곶과 휴전선 이남인 강원도 고성에서 자생한다고 알려졌다.

천진호에는 멸종 위기종인 순채를 비롯하여 식충식물인 통발, 수련, 붉은색 암술머리를 가진 남개연, 가래가 자생한다고 알려졌지만 진노랑 꽃이 피는 통발을 만나는 일은 쉽지 않다. 습지에서 자생하는 식물은 대체로 꽃이 작고, 색깔은 매우 선명하다. 무리지어 피고 진다. 멸종 속도가 빠른 이유일지도 모른다. 손바닥만 한 곳에 각시수련과 통발, 가래가 꽃을 피웠지만 농경지에서 날아온 비료 포대며 스티로폼 패널들이 가라앉기도 하고 떠 있기도 해서 꽃들의 운명은 아슬아슬하다.

백두대간 어디쯤에서 발원하여 마을 안쪽을 휘돌아가거나 가로질러 동해로 흘러드는 흔히 개울이라고 부르는 내, 거진읍 자산천에는 멸종 위기종인 독미나리가 서식한다는 안내판이 서 있다. 하지만 이곳 또한 둑 아래 일부는 밭으로 바뀌었고, 그 외에는 버드나무가 듬성드뭇한 가운데 부들과 줄풀로 꽉 차서 독미나리 개체를 찾는 일은 모래밭에서 바늘을 찾는 것만큼 쉽지 않다.

복사꽃이 피면 마을 내에는 황어가 올라오고 보랏빛 부처꽃과 특산 식물인 금꿩의다리가 피는 한여름이면 칠성고기라고 부르는 칠성장어가 먼 바다로부터 돌아왔다. 어릴 적 한여름 밤이면 횃불을 만들어 들고서 칠성고기를 잡았고, 〈쪅변〉이라고 부르는 작벼리에 화톳불을 피워 놓고 구웠지만, 이제는 작살로 잡았다는 숭어는 물론이거니와 연어, 은어는 거진읍 대대리 앞을 흘러가는 북천에서나 볼 수 있을 뿐 우리 마을에서는 아예 자취를 감추었다. 가재를 잡아 불에 굽고, 개구리를 잡아 강아지풀에 꿰고 뚝저구, 모래무지, 버들가지, 퉁가리, 옹고지 등을 잡아 물고기국을 끓이던 일도 이제는 그만 옛일이 되고 말았다.

숲정이에 수리부엉이가 살고 있다

늦은 봄 어느 날 고사리를 꺾고서 더덕 밭을 향해 가던 길이었다. 해마다 고사리를 꺾고, 음나무 싹을 따기도 했던 곳이었지만 소나무를 굴채하고 산을 허물기로 했다는 소문이 자자한 곳이었으므로 어느 때보다 깔끄러미 숲을 살펴며 걸음을 옮겨 디뎠다. 건봉산 산줄기에서 이어져 내려온 등줄기 마지막 코숭이(산줄기의 끝)인 그곳은 한때 사람들이 거주하기도 했지만 전쟁을 겪은 뒤 일부는 묘지와 묵정밭이 되었고, 또 일부는 태양광 발전소가 들어섰으나 또 얼마만큼은 소나무와 참나무들로 메숲진(울창한) 곳이었다.

솔숲으로 들어서서 발밑을 살피다 고개를 드는 순간, 소나무 우듬지 사이로 무언가 날아가는 기척을 느꼈다. 그 모습을 보고 무엇인지 짐작은 했지만, 설마 했다. 그것은 수리부엉이였다. 소리도 없이 날아서 아름드리 소나무 우듬지(나무 꼭대기 줄기)에 앉더니 곧이어 다른 수리부엉이 한 마리가 날아와 나란히 앉았다. 그곳은 이따금 논들 한가운데 전봇대에 앉아 있곤 하던 수리부엉이가 날아가던 방향과도 맞아떨어졌다.

흰꼬리수리와 말똥가리가 떠나고 나면 휘파람새, 꾀꼬리와 개개비, 검은등뻐꾸기, 물총새, 불새라고도 불리는 호반새, 꼬마물떼새, 노랑할미새, 이국적인 모양새의 후투티 그리고 파랑새와 유리새가 돌아왔다. 오색딱따구리와 청딱따구리, 동고비와 굴뚝새와 노랑턱멧새와 딱새 그리고 물까치 떼와 방울새 떼는 서로 자리를 바꿔 앉기도 했다. 물가에는 원앙과 흰뺨검둥오리가, 뜸부기 없는 여름 논들에는 백로와 왜가리들이 서로 어울려 다녔다.

산등성이 남쪽에선 고사리를, 북쪽에선 고비를 꺾을 수
도 있었고, 〈음양곽〉이라고 알려진 삼지구엽초와 한국 특
산종인 요강나물을 만나기도 했다. 삼지구엽초는 약재로
유명해지면서 멸종 위기에 몰렸고, 요강나물 또한 태양광
발전소로 향하는 도로를 확장하면서 서식지가 훼손되었
다. 이른 봄 복수초(얼음새꽃)를 시작으로 노루귀, 노랑제
비꽃, 얼레지와 꿩의바람꽃, 홀아비꽃대, 땅바닥에 꽃이
피는 족두리풀, 천남성, 백색의 작약과 참나물과 참취를 비
롯한 여러 가지 나물들이 돋고, 감자난초, 큰꽃으아리와 초
롱꽃 등이 피었다 지면 여로, 창포, 미나리아재비, 기린초,
술패랭이, 물레나물, 동자꽃, 솔나리가 피었다. 그러는 동
안 시나브로 가을이 다가와 숲속으로 눈길을 돌리면 도라
지꽃과 사약의 재료라고 알려진 투구꽃, 흰색의 참취, 노란
색의 미역취 그리고 흔히 떡취라고 부르는 수리취, 잔대와
산비장이, 당귀와 큰 산인 건봉산에서 볼 수 있는 참배암차
즈기가 꽃을 피웠고, 그 사이 단풍이 들고 눈꽃이 피었다.

이렇듯 풀꽃들이 피는 사이 나무들은 또 나무들대로 이
른 봄, 작고 여려서 꽃이 핀 때를 곧잘 놓치기도 하는 올괴
불나무를 시작으로 생강나무, 느릅나무, 뽕나무, 쪽동백나

(위) 요강나물
(아래) 건봉산 숲길

무가 꽃을 피웠고, 걸음을 다시 건봉산으로 옮기면 함박꽃
나무와 피나무, 다래나무가 꽃을 피웠으며 가래나무, 아름
드리 음나무, 숲 해설을 할 때면 빠지지 않고 등장하는 서
어나무, 한국인이 가장 사랑한다는 소나무 그리고 나무를
공부할 때 가장 헷갈리게 하는 떡갈나무, 굴참나무, 졸참나
무와 같은 참나무류가 이파리를 키웠다.

이른 봄, 숲속 계류와 골짜기 습지에 개구리가 깨어나고
도롱뇽이 알을 까는 사이 흔하지만 만나고 싶지 않은 뱀도
봄기운과 함께 등장했다. 꽃뱀이라고도 부르는 유혈목이,
칠점사라고도 부르는 까치살모사, 쇠살모사 그리고 큰 산
에 가야 겨우 볼 수 있게 된 구렁이. 가을이면 뱀은 나무와
나무들 사이를 건너뛰었고, 골짜기 계류에서 자주 볼 수 있
었다. 땅꾼이 사라진 뒤로 뱀은 매우 흔해졌다.

큰 산 건봉산은 민통선 이북이므로 군부대 허가 아래 산
으로 들었다. 그곳엘 가야 마을에서 〈즈네기〉라고 하는 서
덜취, 〈노리대〉라고 하는 왜우산풀, 〈지장나물〉이라고 하
는 풀솜대, 곰취 등을 만날 수 있었지만 지금은 멸종 직전
이다. 가을이면 그 유명한 송이와 버섯도감에서 향버섯이
라고 하는 능이를 땄다. 노루 궁둥이처럼 보이는 노루궁뎅
이버섯, 싸리버섯, 꾀꼬리버섯, 달걀버섯, 마을에서는 〈곰

버섯〉이라고 하고 버섯도감에서는 〈까치버섯〉이라고 하는, 마을에서는 기름버섯이라고 하고 버섯도감에서는 〈연기색만가닥버섯〉이라고 하는, 마을에서는 밤버섯이라고 하고 버섯도감에서는 〈벚꽃버섯〉이라고 하는 버섯도. 그 외 식용이지만 식용하지 않는 껄껄이그물버섯, 나팔버섯, 졸각버섯, 덕다리버섯, 말굽버섯과 먹을 수 없는 무당버섯, 광대버섯들이 흔했다.

그러나 민통선이 북상하면서 숲에는 태양광 발전소와 주택들이 들어서고 있으며 도로 또한 점점 넓어지고 있다. 해안에는 방파제와 펜션들이 생기면서 모래톱이 좁아지고 모래언덕이 사라지고 있다. 쓸모없다는 이유로 작은 늪들을 메우고, 또 한편에서는 습지를 조성하여 호수를 살리려고 애를 쓰는 역설이 벌어진다. 숲을 깔아뭉개고 문명을 건설하는 게 인간의 숙명이라 할지라도 숲이 사라지면 그곳에 기대어 살던 산짐승, 들짐승, 날짐승의 보금자리가 사라지는 것은 물론이거니와 하물며 인간이랴.

강원도 고성군은 남과 북으로 나뉘었지만 고성군 천진호의 각시수련은 휴전선 이북 황해도 장산곶에서도 자생하고 있고, 화진포 해안에서 피는 해당화는 휴전선 이북 원산에서도 볼 수 있다. 건봉산·향로봉의 산줄기도 가깝게는 금강산, 멀게는 백두산·시베리아까지 백두대간의 큰 산줄기로 이어져 있다. 우리가 조금 더 관심과 애정을 기울인다면 머지않아 호랑이와 표범, 늑대와 여우를 이곳 건봉산·향로봉에서도 만날 수 있게 되지 않을까. 옛 어른들이 기차를 타고 금강산에 소풍을 다녔듯 우리도 언젠가는 동해안 해안도로를 걸어서 금강산도, 백두산 천지도 갈 수 있지 않을까. 막혔던 길이 열리면 생태계 사슬이 이어지듯 그 열린 길을 통해 남쪽 사람과 북쪽 사람이 손과 손을 맞잡을 수 있길 기대해 본다.

평화생명의 터전 DMZ

1
접경 지역의 평화적 이용과
〈인제 서화 DMZ 평화생명 특구〉

한국DMZ평화생명동산

삼중고의 복합 위기: 기후 위기, 양극화, 전쟁 위험

2021년 7월 현재, 우리의 삶을 규정하는 가장 강력한 요소는 코로나19로 명명된 코로나 사태이다. 인간의 활동으로 서식지가 파괴된 동물들과의 접촉이 늘어나면서 새로운 감염병이 출현·확산되고 있다는 지적에 많은 전문가가 동의하고 있다. 백신 접종이 늘어남에 따라 조만간 코로나19가 잦아들 것이라는 낙관적 예측과, 더 강력한 변이 바이러스가 출현하고 하나가 아닌 둘 이상의 감염병이 동시에 출몰할 수 있다는 비관적 전망이 혼재한다.

코로나 사태가 진정되면 우리는 과거의 일상으로 돌아갈 수 있을까? 과거의 일상이 만들어 낸 결과로서 오늘의 문제가 잉태되었다면 우리는 과거로 회귀하면 안 된다. 과거로의 회귀가 아니라 새로운 삶으로 전환해야 하는 숙제가 놓여 있는 것이다. 성찰을 통해 익숙한 것들과 결별하고, 일상의 불편을 감내하며, 새로운 대안 사회로 나아가는 담대한 실천을 모색해야 한다.

지구 공동체에는 기후 위기로 대변되는 생명의 위기가, 인류 공동체에는 양극화로 대변되는 불평등의 심화가, 그리고 이 두 가지에 더해 한반도 공동체에는 70년 이상 상시적 전쟁 위험에의 노출이라는 삼중고의 위기가 우리를 짓누르고 있다. 이 세 가지 위기는 여러 복합적인 원인과 과정에 의해 빚어진 결과로서 하나의 단일한 해법으로 극복 불가능하다는 데 문제의 심각성이 있다.

위기의 근원은 인간의 탐욕과 자본주의

위기의 근원은 지구라는 유한한 행성에서 무한한 탐욕을 채우기 위한 인간의 활동이다. 기후 위기도, 불평등의 심화도, 분단 체제의 유지와 상시적 전쟁 위험에의 노출도 여기에서 비롯됐다.

자본주의는 저임금과 실업을 무기로 인간을 끝없는 경쟁으로 내몰고, 개발과 약탈로 자연을 황폐화시키고, 돈을 최고의 가치로 추앙하도록 부추겨 지구 공동체를 파국으로 몰아가고 있다.

그런데 기후 위기와 불평등 확대로 인해 제일 먼저 가장 큰 피해를 입는 당사자는 가난하고 힘없는 사람과 계층, 가난한 나라들이다. 우리의 후손들인 미래 세대, 자연과 생명도 피해자이다.

미국 월가의 금융 자본과 군산 복합체를 정점으로 하는 제국주의적 지배 질서, 그리고 이들과 결탁하여 평화적 공존과 통일이 아닌 대립과 갈등의 분단 체제를 유지하고자 하는 세력에 의해 현재의 삼중고는 재생산되고 있다.

따라서 한반도에서 삶을 영위하는 모든 구성원의 사회적 실천은 이 삼중고의 위기, 세 가지의 과제를 해결하는 운동으로 귀결되어야 마땅하다. 그러나 과연 이러한 사회적 실천이 지금 우리 사회에 존재하는가?

3·1운동 102년, 절반의 성취와 절반의 실패

102년 전 3·1운동 당시 우리 선배님들이 주창한 〈자주독립 국가를 세워 세계 평화에 기여하고, 새로운 문명을 이끌겠다〉는 그 꿈은 이루어졌는가?

자주독립 국가 건설의 꿈은 남북으로 허리가 잘리면서 훼손되었고, 전쟁의 공포와 상대방에 대한 불신은 여전히 우리를 압박하고 있다. 한국은 식민지를 경험하고도 산업화와 민주화에 성공한 유일한 나라라는 평가에도 불구하고, 빈부 격차는 더욱 커지고, 공동체는 분열되어 있으며, 생태계는 파괴됐다.

북한은 사회주의 국가이지만, 절대 권력에 의해 민주주의와 인권은 제대로 보장되지 않고 있고, 가혹한 국제 사회의 제재 속에 세계 최악의 빈곤 국가로서 고통의 시간을 보내고 있다.

한국의 약탈적 자본주의의 인간화, 북한의 봉건적 사회주의의 민주화가 필요하다는 주장이 있고,[26] 여기에 많은 분들이 공감한다. 그렇다면 약탈적 자본주의의 인간화, 봉건적 사회주의의 민주화는 어떤 내용으로 채워져야 하는가?

〈생명평화 경제〉가 구현되는 〈생명평화 공동체〉로의 전환 요구

지금까지의 역사는 시장은 불평등을 해소하지 못하고, 기술은 생명의 위기를 해소하지 못한다는 것을 분명히 보여주고 있다.

결국 인간의 탐욕을 배제한 탈자본(탈시장), 탈성장만이 유일한 해결책이다. 여기서의 탈성장은 역성장이 아니라

---

26   김누리, 「남한이 비정상 북한 바꿔야? 통일은 남북 상호 변화서 시작」, 『한겨레』, 2019년 12월 9일

삶을 더욱 풍요롭게 하는 성장이다. 그것이 가능하려면 개인적 성찰과 사회 구조적 실천을 통해 〈경쟁과 출세〉가 아닌 〈호혜와 협동, 우애〉의 〈생명평화 경제〉로 산업 구조의 대전환을 이루어야 한다. 일상의 삶에서 생명과 평화의 가치가 가장 우선시되는, 그리하여 〈생명평화 경제〉가 구현되는 〈생명평화 공동체〉로의 전환이 요구된다.

〈생명평화 경제〉란 무엇인가?

〈생명평화 경제〉란 돈의 경제가 아닌 삶의 경제, 이윤의 경제가 아닌 필요의 경제, 독점의 경제가 아닌 나눔의 경제, 분열의 경제가 아닌 협동의 경제, 파괴의 경제가 아닌 생명의 경제, 죽임의 경제가 아닌 살림의 경제,[27] 단절이 아닌 순환의 경제, 시장과 계획 그리고 협의가 함께하는 협업의 경제,[28] 뭇 생명을 살상하는 어떤 물건도 만들지 않고, 전쟁 물자를 수출하거나 수입하지 않으며, 군사비를 감축하고, 군수 산업을 민수 산업으로 전환하며, 모든 사회적 불평등을 해소하는 평화의 경제이다.

---

27   강수돌, 『살림의 경제학: 사람을 살리고 자연도 살리는 살림살이 경제학』, 인물과사상사, 2009
28   나카무라 히사시, 『공생의 사회 생명의 경제: 지역자립의 경제학』, 윤형근 옮김, 도서출판 한살림, 1995

이것은 결국 지금까지 우리의 삶을 지배해 왔던 모든 상식, 자본주의적·성장 지상주의적 사고를 바꿔야 한다는 의미이다.

살림의 경제를 구성하는 다섯 가지 근본 원칙이 있다. ① 생명 살림의 원칙principle of life, ② 계속 살림의 원칙principle of sustainability, ③ 스스로 살림의 원칙principle of autonomy, ④ 서로 살림의 원칙principle of reciprocity, ⑤ 내면 살림의 원칙principle of needs이 그것이다. 한마디로 생명 우선, 지속 가능성, 자율성, 호혜성, 필요성이다.

〈생명평화 경제〉로의 전환에서 두 축은 우리가 살아가는 마을 단위 산업, 특히 농업에서 유기농업의 전면화, 그리고 재생 에너지로의 전환과 자급이 핵심이라고 할 수 있다.

DMZ와 접경 지역의 평화적 이용을 위한 기존 제안과 한계의 극복

DMZ 이용에 관해서는 1971년 당시 유엔군 대표였던 로저스 소장의 DMZ의 실질적인 비무장화 제안에서부터 평화시 건설, 경제특구·평화생태공원 조성 등 여러 가지 제안들이 있었고, 지금도 국회에 몇 개의 법안이 상정되어 있다. 그러나 이 모든 제안은 제안과 동시에 유작이 되는 비극을 반복했다.

시기	제안자	주요 내용	비고
1971	유엔군 대표 로저스 소장	• 쌍방이 합의된 지역으로 군사 인원 철수 • 군 정전위 군사 시설 파괴 조치 • 전체 DMZ의 비무장화 • 무장 인원의 DMZ 출입 금지	
1982. 2.	손재식 국토통일원 장관	• 경의선 도로 연결, DMZ 내 공동 경기장 건설 • 자연 생태계 공동 학술 조사, 군사 시설 제거 • 설악산-금강산 자유 관광 지역 공동 설정 • 군비 통제, 군사 책임자 간 직통전화 설치	민족화합 시범실천 사업으로 제시
1988. 10.	노태우 대통령	• DMZ 평화시 건설	유엔 총회 연설
1989. 10.	노태우 대통령	• 이산가족 면회소, 민족문화관, 남북연합기구	국회 연설
1991. 12.	남북한	• DMZ의 평화적 이용 합의	남북 기본합의서
1992. 1.	노태우 대통령	• 남북공동출자 합작공장 설치	연두 기자회견
2001. 1.	김대중 대통령	• DMZ 접경 생물권보전지역 추진 검토 지시	환경인 신년 인사회
2007. 10.	노무현 대통령	• DMZ 내 초소(GP) 및 중화기 철수	남북정상회담
2008. 8.	이명박 정부	• DMZ의 평화적 이용 국정 과제화	각 부처별 계획 수립
2013. 5. 2013. 7.	박근혜 대통령	• DMZ 세계 생태평화공원 조성 추진	미 의회 연설 정전 60주년 기념사

2017. 5.	문재인 대통령	• 한반도 신경제 구상 중 접경 지역 평화 협력 벨트 구축	공약 사항
2019. 6.	연천군, 강원도	• 생물권 보전 지역(BR) 지정	유네스코

자료 출처: 조한범·정범진,「인제 서화지구 평화생명특구 구상」
보고서, 2018

[표 4] 한반도 DMZ의 평화적 이용을 위한 역대 제안 사례

왜 기존 제안들은 실패할 수밖에 없었을까?

첫째, 부처별로 각기 별개의 계획들을 입안하였으나, 그 내용이 대동소이했다.

둘째, 대부분의 계획들이 보전과 개발 개념이 혼재하거나 상충되는 경우가 많았다.

셋째, 사업 명칭에는 DMZ라는 공간이 명기되는 경우가 많았으나, 관할권 문제 등으로 실제 내용은 DMZ가 아니라 그 주변 지역을 대상으로 한 계획이 대부분이었다.

넷째, DMZ의 평화적 활용을 위해서는 북한이라는 상대방과의 협의와 협력이 불가피하지만, 대부분의 계획들은 북측에 대한 고려 없이 일방적으로 진행되었다.

다섯째, 중앙정부 또는 지방정부(광역·기초)가 중심이된 상명하달 방식을 유지해서 지역 주민은 배제되고, 민주적으로 운영되지도 않았다.

여섯째, 동식물 분포와 자연은 행정 단위를 뛰어넘거나 일치하지 않는다. 그런데 생태계의 보전과 평화적 이용에 대한 여러 제안도 지방정부의 행정 단위 중심으로 사업 영역이 설정되어, 그 실현 가능성과 타당성, 효율성 문제가 계속 지적되었다.

일곱째, 일회성 제안, 중복 제안, 무엇보다도 정치·군사적 상황에 철저히 종속되어 성과를 내는 데 한계가 있었다.

결국 이러한 한계를 극복하고 성과를 만들어 내기 위해서는 사고의 전환과 다른 방식으로의 접근이 필요하다.

우선 제안이 지속성과 안정성, 현실성을 획득하기 위해서는 접경 지역에서 살아가는 주민들의 삶과 결합하는 것이 필수적으로 요구된다. 즉, 주민들의 먹고사는 문제와 결합되어야 하고, 접경 지역 농산어촌이 공통적으로 안고 있는 문제인 고령화와 빈곤화를 탈피할 수 있는 처방이 필요하다. 이는 당연히 전 지구적 문제인 기후 위기, 불평등 심화 극복 방안과의 동시 처방을 요구한다.

접경 지역 주민의 삶이 바뀌어야 하고, 이는 산업 구조 전환으로 귀결되어야 한다. 접경 지역 전 산업을 생명 산업, 평화 산업으로 전환하는 〈생명평화 경제〉를 구현해야 한다. 이는 주민들만의 노력으로 이루어질 수 없다. 민과 관의 협력만으로도 부족하다. 접경 지역 3주체 즉 민·관·군이 함께 협력하고 공존하는 문화가 창출되어야 한다.

이러한 노력을 통해 검증된 전형과 사례를 북쪽에 제안하고 공유하는 것이다. 〈우리가 남쪽에서 이렇게 바꿔 보니 좋더라, 우리 함께 이렇게 바꿔 보면 어떨까?〉 하고 제안하는 것이다. 바로 그 출발점에 〈인제 서화 DMZ 평화생명특구〉 사업이 자리한다.

인제군의 개요 및 서화리

인제군의 인구는 3만 2천 명이다. 이는 직업 군인 가족 7천 명을 포함한 인구로서 실제 인제 군민은 2만 5천 명이고, 군인 2만 1천 명을 포함하면, 총 5만 3천 명, 인구 밀도는 1제곱킬로미터당 32명이다. 면적은 1,645제곱킬로미터로 한국에서 홍천 다음으로 큰 군이고, 607제곱킬로미터인 서울의 2.7배, 1,700제곱킬로미터인 평양과 비슷한 크기이다. 행정구역은 1읍(인제읍) 5개면(기린면, 남면, 북면, 상남면, 서화면) 84개 행정리로 구성되어 있다.

서화면은 인제군 최북단 민통선과 DMZ를 접하고 있는 분단된 면이다. 서화 1~2리 인구는 2020년 5월 현재 주민 등록상 서화 1리 146세대 240명, 서화 2리 185세대 303명,

총 331세대 543명(군인 가족 다수 포함)이다. 순수 마을 주민은 서화 1리 60세대 130명, 서화 2리 102세대, 260명 총 162세대 390명 정도로 추산된다. 2020년 봄 필자의 설문조사에 따르면 주민의 30퍼센트 이상이 연간 농업 소득 1천만 원 미만이고, 과거에 비해 군부대가 마을에서 차지하는 경제적 비중은 지속적으로 하락하고 있다. 65세 이상 인구가 20퍼센트 이상을 차지해 고령화·빈곤화 등 한국의 농산어촌이 안고 있는 보편적 문제에 봉착해 있으며, 실질적으로 재생산의 위기에 처해 있다.

서화리를 특구 사업의 대상지로 선정한 이유

그럼 왜 서화리를 DMZ 평화생명 특구 사업의 대상지로 주목하는가. 우선 서화리는 한반도의 3대 생태축(백두대간, DMZ, 한반도 도서 연안) 중 2개의 생태축인 백두대간과 DMZ가 교차하여 가장 건강한 생태계를 유지하고 있으며, 최고의 생물종 다양성을 보유하고 있는 지역이다. 이것은 생명의 관점이다.

둘째로, 서화리 북쪽 지역 일부(서희리, 이포리, 장승리)가 DMZ와 접경 지역 및 이웃한 북한의 금강군에 편입된 분단 지역이기도 하다. 이것은 평화의 관점이다.

셋째로, 2009년 개관한 (사)한국DMZ평화생명동산이 지역 내에서 활발한 평화생명 교육 활동을 전개해 오고 있다. 2020년 6월 기준 총 1,761회, 내외국인 5만 8,421명의 교육생을 배출했다. 이것은 교육의 관점이다.

넷째로, 지방정부와 주민 모두 인제군을 전국 최고의 〈평화생명의 요람〉으로 만들고자 하는 의지가 충만하다. 이것은 주체의 관점이다.

다섯째로, 생명과 평화가 가장 절실한 지역에서 민·관·군이 협력하여 새로운 대안 사회상을 연출하고, 이를 이웃한 금강군의 미래 지역과 공유하고자 한다. 이것은 미래의 관점이다.

DMZ와 접경 지역의 보전과 평화적 이용을 위한 사회적 원칙

DMZ 평화생명 특구 사업을 위해 언급할 또 다른 사항이 있다. 이 지역의 보전과 평화적 이용을 위해 사회적 원칙을 세우는 것이다. 우선 DMZ 즉 비무장 지대는 훼손지의 복원 외에는 절대적으로 보전한다. 민통선 북한 지역은 훼손지의 복원 및 연구 목적 외에는 철저히 보전한다. 사람이 살고 있는 접경 지역은 생명에 이롭고 평화에 도움이 되는 방식으로만, 공동체의 지속 가능성과 구성원들의 삶의 질을 향상시키는 방향으로만 활용한다.

DMZ와 접경 지역이 주목받는 이유는 상대적으로 사람의 접근이 차단되어 생명의 놀라운 복원력과 생물종의 다양성을 보여 주기 때문이다. 그러나 이 생태계의 보고도 돈을 앞세운 개발 논리가 작동하면 순식간에 망가지고 만다. 우리 사회가 최소한 DMZ와 접경 지역에 대해서는 위에서 언급한 절대 보전, 철저 보전, 생명에 이롭고 평화에 도움이 되는 방식으로만 활용할 것을 약속했으면 좋겠다.

〈인제 서화 DMZ 평화생명 특구〉 사업 개요

〈인제 서화 DMZ 평화생명 특구〉 사업의 명칭 중 〈인제 서화 DMZ〉는 대상지 지역을, 〈평화생명 특구〉는 사업의 성격을 담고 있다. 특구 대상지의 면적은 총 3만 7,363핵타르 (약 1억 1208만 평) 규모로서 핵심 지역, 배후 지역, 미래 지역으로 구분하고, 핵심 지역과 배후 지역은 현 시기부터, 미래 지역은 남북 관계가 호전될 때 진행한다.

핵심 지역은 서화면의 가전리·심적리·대곡리 등 민통선 이북 지역 1만 2,806핵타르이다. 핵심 지역 전체를 우리 전통의 〈음양사상 오행수목원〉의 관점에서 조성한다. 보전과 복원 사업이 중심이다. 남북의 동식물포전(圃田),

지뢰생태공원, 국방 개혁 2.0에 따른 군부대 이전지를 활용하는 평화생명 교육 및 연구 기관(예를 들면 아시아평화대학, 지뢰평화박물관, 씨앗박물관, 한의학-고려의학 협력 연구소 등)을 건립한다. 가난하고 병든 사람들이 섭생과 노동, 휴양과 치유를 통해 건강을 회복하는 활인촌, 세계의 젊은이들이 국적과 종교, 인종을 초월하여 생명을 키우고 평화를 논하는 평화촌을 조성한다.

배후 지역은 서화면 서화 1, 2리 중심으로 현재 주민들이 거주하고 있는 마을 6,657헥타르이다. 마을의 모든 산업을 〈생명평화 산업〉으로 대전환한다. 구체적으로 1차 산업인 농업을 모두 유기 순환 농업으로 전환하고, 에너지는 재생 에너지 중심으로 완전 자급을 추구한다. 핵심 지역 사업과 연계하여 〈생명평화 교육문화 산업〉의 중심 역할을 담당한다. 온 마을의 유기농업으로의 전환에 최근 논의가 활발한 농민 기본소득 등이 소중한 마중물이 될 수 있을 것이다.

미래 지역은 서희리·이포리·장승리 등 DMZ 및 이북의 금강군에 편입된 과거 서화면 소속 지역 1만 7,900헥타르로서 남북 협력 지역이기도 하다. 남북 관계가 조금이라도 호전될 때 핵심 지역과 배후 지역에서 진행한 산업의 전

구분	마을	규모(ha)	주요 사업	착수 시기
핵심 지역	가전리, 심적리, 대곡리	12,806	• 음양사상 오행수목원 • 남북 동식물포전 • 평화생명 교육 및 연구 기관(아시아평화대학, 지뢰평화박물관, 씨앗박물관, 한의학-고려의학 협력 연구소 등) • 활인촌, 평화촌	현 시기
배후 지역	서화 1, 2리	6,657	• 마을 모든 농업 유기농업화 • 재생 에너지로 100퍼세트 전환 • 생명평화 교육문화산업 중심	현 시기
미래 지역	서희리, 이포리, 장승리	17,900	• 핵심 지역, 배후 지역 성과 공유 • 유기농, 재생 에너지 자급 • 문화 및 자원 공동 조사 • 산림 협력, 임농 복합 경영 • 생태 마을, 퍼머 컬처 • 금강-설악 자유 생태 관광	남북 관계 호전 시

[표 5] 인제 서화 DMZ 평화생명 특구 사업 개요

환, 교육과 사업 내용을 공유·협력한다. 유기농 전환, 에너지 자급을 중심으로 문화 및 자원에 대한 공동 조사, 산림 협력, 임농 복합 경영, 생태 마을, 퍼머 컬처, 금강-설악 자유 생태 관광 등을 모색한다.

〈평화생명 특구〉의 조성을 위해서는 낙관적으로 예상할 때 최소 약 12년(2021~2032년)의 기간이 소요될 것으로 보인다.

2
〈인제 서화 DMZ 평화생명 특구〉와 〈남북 경제 특구〉

한국DMZ평화생명동산

〈인제 서화 DMZ 평화생명 특구〉 사업과 기존 〈남북 경제 특구〉 사업을 단순 비교하기는 어렵다. 하지만 이해를 돕기 위해 몇 가지의 차이점을 살펴본다.

기존의 〈남북 경제 특구〉

남측의 자본과 기술, 북측의 토지와 노동력이 결합된 모델이다. 사업지가 북한에 위치한 관계로 운영 측면에서 자유로운 이동과 활동, 노동력 배치 조율 등에 어려움과 한계가 있었다. 그래서 이런 문제점을 극복하기 위해 사업지를 통제 가능한 지역으로 옮기고, 북한의 노동력을 활용하는 모델도 제시되고 있으나, 새로운 모델 역시 북측의 참여 부정으로 성사 가능성은 없다.

무엇보다도 우리 사회는 현 시기 우리가 처한 삼중고를

해결하고자 하는 문제의식이 없고, 저임금과 장시간 노동, 화석 연료에 의존해 있으며, 규모의 경제를 추구하는 성장 지상주의적 관점에 사로잡혀 있다.

해당 지역으로는 기존의 개성 공업 지구와 금강산 관광 지구 등이 있고, 최근 새로운 모델을 도입하고자 입법화가 시도되고 있는 지역으로는 고양·파주·김포 등의 통일(평화) 경제 특구가 있다.

인제 서화 DMZ 평화생명 특구

반면 〈인제 서화 DMZ 평화생명 특구〉는 북 또는 남으로의 대규모의 자본 투자나 노동력의 이동이 없다. 특구의 자율적 운영을 위한 중앙정부 차원의 제도적 보장 즉, 특구 지위의 법적 보장, 특구 운영 기구의 독립성 보장 등을 추구한다.

현 시기 우리가 직면한 세 가지의 위기를 극복하기 위한 실천 모델 확립이 가장 주요한 목표이다. 주민들이 거주하고 있는 지역의 산업과 문화를 〈평화생명 산업과 문화〉로 바꾸는 사업을 우선적으로 진행한다. 생태마을ecovillage 조성을 통해 접경 지역의 주력 산업인 농업을 전 지역에서 전면 유기 순환 농업으로 전환하는 것을 지향한다.

참고로 2019년을 기준으로 인천광역시, 경기도, 강원도의 접경 지역 내 농가 수는 총 18만 7천 가구, 농민 수는 45만 8천 명이다. 이들 모두가 유기농으로 전환한다고 가정하고, 유기농으로 전환 시에 입게 될 매출 손실과 기회 비용을 요즘 논의되는 월 50만 원씩, 연 600만 원의 농민 기본소득으로 상쇄할 때 총 1조 1220억 원이 소요된다. 2021년 우리나라 전체 농업 예산이 16조 3천억 원가량임에 비추어 그렇게 큰 비중이 아니고, 식량 안보, 생태계 회복 등 긍정적 효과는 훨씬 클 것으로 예상한다.

또한 〈인제 서화 DMZ 평화생명 특구〉는 에너지의 자급을 통해 탄소 배출을 제로화한다. 지역 내에서 소비되는 모든 에너지를 재생 가능한 에너지원인 햇빛, 바람, 물, 바이오매스 등에서 조달한다. 남북 공동으로 조사, 연구, 교육 등 협력 사업을 수행하고, 발생한 수익은 각 삼분의 일씩 분배, 축적, 투자한다. 삶의 질을 높이기 위해 주 4일제 근무, 6시간 노동 등 노동 시간의 단축을 도모한다. 불평등의 완화를 위해 특구 내 시설 및 기업의 최저 임금과 최고 임금 비율을 최대 6배 이내로 제한하는 이른바 〈살찐 고양이법〉을 도입한다. 대상 지역은 〈인제 서화 DMZ 평화생명 특구〉가 유일하다.

구분	남북 경제 특구	인제 서화 DMZ 평화생명 특구
유형	남측의 자본과 기술, 북측의 토지와 노동력 결합	남북으로 대규모 자본과 노동 없음
운영	소재지 국가의 법규 적용	독립적 지위와 자율성 보장
지향	화석 연료 의존, 규모의 경제, 성장지상주의	삼중고 즉, 기후 위기, 불평등, 전쟁 위험 해소
정세 영향	남북 관계 철저 종속	비교적 자유로우며, 남북 관계 진전 시 심화된 협력 가능
노동 조건	장시간, 저임금 노동	주 4일, 일 6시간 노동 최고·최저 임금 격차 6배 이내로 제한
대상	개성 공업 지구, 금강산 관광 지구	인제 서화 DMZ 평화생명 특구

[표 6] 기존 〈남북 경제 특구〉와 〈평화생명 특구〉의 비교

〈인제 서화 DMZ 평화생명 특구〉 사업이 갖는 문명사적 의의

이 사업이 지니는 문명사적 의의를 일곱 가지로 요약할 수 있다.

첫째, 지구 공동체의 지속 가능성을 위협하는 기후 위기, 불평등의 심화에 대응하는 가장 적극적인 실천이다.

둘째, 기존 DMZ와 접경 지역에 대한 평화적 이용 제안이 갖는 관념성 및 비현실성을 극복하고, 남북 관계 진전 여부에 얽매이지 않고, 지금 시기, 사람이 살고 있는 마을에서 한반도 구성원이 맞닥뜨리고 있는 삼중고를 해결하

기 위한 가장 구체적인 행동이다.

셋째, 화석 문명을 대체할 새로운 문명으로 나아가기 위해 유기농 전면화, 에너지 자급을 핵심 축으로 하는 〈생명평화 경제〉로 산업 구조의 대전환을 모색한다.

넷째, 민간이 주도하고, 관(官)이 조력하며, 군(軍)과 함께 하는 접경 지역 협치의 새로운 모델을 창출한다.

다섯째, 미래의 대안 사회인 〈한반도 생명평화 공동체〉구현을 위해 남측의 노력과 성과를 북측과 공유하고 실천한다.

여섯째, 다양한 주체들의 특구 사업 참여 유도와 생명평화 교육 확대(아시아평화대학, 지뢰평화박물관, 평화촌 조성, 한중일 청년포럼 정례화 등)를 통해 지구 공동체의 위기를 극복할 새로운 주체의 양성을 도모한다.

일곱째, 한반도의 DMZ와 접경 지역을 지구 공동체를 구하는 〈생명·평화·교육 운동〉의 새로운 중심지로 자리매김한다.

3
한반도 생태·환경 협력
한국DMZ평화생명동산

남북의 생태 환경 협력의 목표와 원칙은 무엇이 되어야 할까? 남과 북의 사람은 물론 자연의 모든 생명들이 조화롭게 어울려 살아가는 평화로운 공동체를 만드는 것이 가장 기본적인 목표가 되어야 할 것이다. 그리고 협력이 어느 일방의 희생을 강요해도 안 되고 한쪽에만 혜택이 돌아가서도 안 된다. 남북 모두에게 도움이 될 수 있어야 한다. 협력을 통해 북한 주민들의 삶과 환경이 나아지고, 남쪽도 새로운 실험을 하면서 신문명과 사회로 나아갈 수 있도록 방향을 다잡는 기회로 삼아야 한다.

이미 세계 곳곳에서 기후 위기를 넘어 기후 재앙이 발생하고 있다. 섭씨 54도를 넘는 살인적인 폭염과 가뭄, 대형 산불이 끊이지 않고, 천 년에 한 번 있을 법한 기록적인 폭우와 대홍수가 지구촌 곳곳에서 동시다발로 일어나고 있다.

북극과 남극에서 녹고 있는 얼음은 오히려 먼 과거 이야기처럼 느껴지고 있다. 「지난 10년 사이, 100년 만의 집중호우, 100년 만의 이상 고온, 100년 만의 가뭄, 폭염, 태풍, 최악의 미세먼지 등〈100년 만〉이라는 이름이 붙는, 기록적 이상 기후가 매년 한반도를 덮쳤습니다.」2020년 12월 10일 온 국민에게 전한 문재인 대통령의 연설문 중 일부분이다.

이제 남북 생태 협력의 한 가지는 분명해졌다. 한반도의 기후 위기를 극복하고 함께 대응을 준비해 나가야 한다. 남북이 통일되고, 사람 간의 평화가 온다고 한들 기후 재앙에 의한 폭염, 가뭄, 열대야, 산불, 폭우, 대홍수, 식량난 등으로 살 수 없는 땅으로 변한다면 아무 소용이 없다. 우선 나무를 심는 일도 중요하다. 나무가 자라서 탄소를 흡수할 때까지 시간이 오래 걸리니 양삼(케나프)과 같은 탄소 흡수 능력이 뛰어난 식물을 병행해서 심는 방안도 있다. 양삼은 상수리나무에 비해 단위 면적당 이산화탄소 흡수율이 10배 높고, 플라스틱을 대체하여 다양한 용도로 사용할 수 있으며 연중 삼모작이 가능하여 생산성이 매우 좋은 식물[29]이다.

장기적으로는 이북에 양묘장과 조림지를 조성하도록 해

---

29   홍승두, 「친환경 작물에 대한 분석 보고서(케나프)」, 환경부·한국환경산업기술원, 2019

야 한다. 그동안 북쪽에 나무를 많이 심었지만 그 묘목들이 지금까지 잘 자라고 관리되고 있는지 의문이다. 오히려 남쪽에서 묘목을 가져가면서 병충해까지 옮겨 갔다는 풍문도 있다. 우선은 남쪽의 DMZ 일대에 접한 지역에 양묘장을 조성하여 비슷한 기후대에서 생산된 묘목을 옮겨 심되 장기적으로는 북쪽에서 묘목을 생산할 수 있는 기반을 마련하는 것이 바람직하다.

한반도의 식물 자원과 토종 종자를 보전하고 확산하자

두만강의 이름은 콩 〈두(豆)〉와 가득할 〈만(滿)〉을 사용하고 있다. 옛날 콩을 실은 배가 왕래해서 붙여진 이름이 아닐까 추측해 본다. 콩의 원산지가 만주와 한반도 일대라고 하니 콩을 가득 실은 배가 자주 다니지 않았을까.

강낭콩, 완두콩, 서리태, 백태, 쥐눈이콩, 작두콩……. 누구에게 물어도 10가지 이상의 콩 이름을 말하기가 쉽지 않을 것이다. 한반도가 콩의 원산지인데, 우리가 아는 콩, 식탁에 오르내리는 콩은 왜 이리 적은가! 그런데 미국 농무부의 〈대두 유전자원 보존소〉에 보관된 한국의 토종콩이 무려 4,000여 가지라고 한다.[30] 놀라운 일이다.

30   KBS 스페셜 〈종자, 세계를 지배하다〉 제작팀, 『종자, 세계를 지배하

그뿐이 아니다. 우리는 1900년대 초반 국력이 약하여 일본에게 나라를 빼앗겼다. 그런데 빼앗긴 것은 더 있다. 국내의 수많은 생물종이 해외로 강제 반출되었다. 이 중 1947년 미국으로 건너간 털개회나무는 〈미스킴라일락〉으로, 1904년 유럽으로 반출된 한국 특산 식물인 구상나무는 〈크리스마스트리〉로 그리고 원추리는 〈하루백합〉으로 개량되어 조경용 정원수 등으로 세계적인 인기를 끌고 있으며,[31] 우리도 로열티를 지급하며 역수입하고 있는 실정이다. 안타까운 일이다.

매년 여름이면 대암산 용늪에 피는 금강초롱꽃은 금강산에서 처음 발견되어 붙여진 이름이다. 한국 특산 식물로 세계 어디에도 없고 한반도에만 자생한다. 그래서 영어 이름도 없다. 그런데 붙은 학명이 이상하다. 〈Hanabusaya asiatica (Nakai) Nakai〉 그대로 읽어 보면 〈하나부사야 아시아티카 나카이〉 한국 특산 식물로 우리나라에만 있다고 하는데 학명은 일본스럽다. 일제 강점기 일본의 식물학자 나카이 다케노신(中井猛之進)이 한반도 전역의 식물을 전

다』, 장현덕 기획, 장경호 엮음, 시대의창, 2021
31   환경부 국립생물자원관, 『미래 생물 다양성 지킴이들을 위한 워크북』, 2015

(위) 금강초롱꽃
(아래) 금꿩의다리

수 조사하던 중 세계 처음으로 발견된 금강초롱꽃에 자신의 이름과 조선총독부 초대 공사인 〈하나부사〉의 이름을 넣어 학명을 만든 것이다. 20세기 아픈 역사가 식물 이름에도 고스란히 새겨져 있다.

조선 말기와 일제 강점기, 그리고 3년간의 6·25 전쟁, 전쟁 후 지긋지긋한 가난에서 벗어나기 위해 줄곧 경제 성장만을 위해 달려오느라 귀중한 생물 자원을 지키기는 고사하고 너무나 많은 생물 자원을 잃고, 빼앗겼다. 그러나 세계적으로 생물 자원에 대한 관심은 점점 더 높아지고 있다. 생물 자원과 관련한 시설만 놓고 보아도 미국은 1,176개, 독일이 600여 개, 일본도 150개나 된다. 사실 생물 자원은 집, 의류, 음식 등 우리 생활 곳곳에 활용된다. 특히 의약품은 70퍼센트가 생물 자원을 이용하고 있으며, 항암제의 40퍼센트 이상이 생물 자원에서 유래된 물질이다.

지구상의 생물종은 모두 1천만 종으로 추정되고 있고, 이 중 사람이 확인하고 이름을 붙여 준 종은 대략 175만 종 정도이다. 나머지는 아직 모른다. 이는 아직도 조사하고 연구하고 확인해야 할 생물 자원이 825만 종이나 된다는 뜻이다.[32] 아직 할 일이 많고 무궁무진한 가치가 있다고 볼 수

32 환경부 국립생물자원관, 앞의 책

3장 평화생명의 터전 DMZ

있다.

또한 지난 시기 수많은 생물종이 사라졌는데, 더욱 큰 문제는 확인되지 못한 종이 사라져 가는 것이다. 어떤 생물종이 지구에서 무슨 역할을 했는지도, 어떤 가치를 가지고 있는지도 미처 알지 못한 채 사라져 버린 것이다. 그래서 우선은 잘 보전해야 한다. 잘 보전하면서 조사하고, 새로운 종을 발굴하고 그 가치를 연구해야 한다.

다행히 한반도는 비슷한 면적의 다른 나라에 비해 식물종이 다양하다. 남북으로 길어 최북단 백두산과 최남단 제주도의 온도 차가 크고, 동고서저의 지형에 따른 산과 평야, 삼면의 바다와 수천 개의 섬, 그리고 사계절이 뚜렷한 기후의 영향 때문이다. 특히 DMZ 일원은 남북의 식물이 만나는 점이 지대로 총 4,596종의 식물 중 42.1퍼센트에 달하는 1,935종이 서식하는 것으로 조사되었다. 이는 남쪽의 DMZ 일원만을 조사한 결과이고, 지뢰가 묻힌 지대는 제외된 결과라 실제로는 더 많은 식물이 서식하고 있으리라 추정된다.

우선 남북의 중요한 생태계 보호 지역, 백두대간, DMZ 일원의 생물 자원을 조사하고 공유하는 일이 필요하다. 필요하다면 함께 조사하고, 공동의 보전 방안을 수립하고 국제적인 보호 지역으로 지정하여 세계인에게 남북의 평화적 생태 협력을 홍보할 필요가 있다. 그리고 과거 우리 땅에서 자라 자연과 기후 조건에 적응하며 농부의 손에서 대를 이어 온 남북의 토종 씨앗을 함께 찾아 나서야 한다. 남쪽은 이미 1985~2000년 사이에 토종 종자의 86퍼센트가 사라졌다고 한다. 아직 종자 시장이 원활하지 않은 북한이 아마도 우리보다는 토종 씨앗이 더 많이 남아 있을 것으로 기대된다.

우리나라는 2010~2015년 사이 연평균 160억 원의 로열티를 해외 종자 구입에 사용하고 있다. 이미 세계 종자 시장은 몬산토, 듀퐁, 신젠타 등의 다국적 기업이 55퍼센트 이상을 점유하고 있다. 파프리카, 토마토 씨앗 1그램이 10만 원을 훌쩍 넘는다. 금 1그램이 5만 원 정도이니 금보다 두 배 이상 비싼 셈이다. 토종 씨앗은 외국에서 큰돈을 주고 종자를 사와야 하는 현 문제의 해법일 수 있다. 남북이 함께 한반도 전역의 야생식물 자원과 토종 씨앗을 조사하고, 보관하고, 보급·확산하는 일은 미래 생명 산업의 핵심이다. 남북의 두 정부가 DMZ 일원 접경 지역에 생물 자원관이나 종자 보관소 등의 관련 시설을 건립하여 본격적으로 조사 연구에 매진할 수 있기를 기대한다.

야생동물의 자연적인 복원과 증식을 협력하자

호랑이, 표범, 반달가슴곰, 대륙사슴, 산양, 사향노루…….
이들은 모두 남한에서 멸종했다고 추정되거나 멸종의 위
기에 내몰린 중대형 포유동물이다. 조선 시대 농경지의 확
장으로 점차 서식지를 잃어 가다가 일제 강점기를 거치며
수많은 동물이 해수구제(害獸驅除)[33]를 구실로 포획되어
개체 수가 급격하게 감소했다. 일제가 남긴 기록으로만 보
아도 호랑이 97마리, 표범 624마리, 늑대 1,369마리, 반달
가슴곰 1,076마리가 짧은 기간 급격히 사라졌다.

반달가슴곰은 단군신화에 나오는 동물로 우리 민족에게
는 친근한 동물이었지만, 일제 강점기를 거치며 급격히 감
소했고, 6·25 전쟁 이후에는 웅담을 채취하기 위한 사냥과
불법 밀렵, 서식지 파괴로 거의 사라졌다. 그러다가 최근
환경부가 DMZ 내부에 설치한 무인카메라에 반달가슴곰
어린 새끼가 촬영되었다. 군인들의 목격담이 여러 차례 있
었지만 확실한 증거가 잡힌 것은 처음이었다.

사향노루는 전국적으로 멸종되었고 DMZ 일원에서
겨우 수십 마리 정도만 남은 것으로 알려져 있다. 아마도
DMZ가 없었다면 벌써 멸종했을 것이다. 산양도 서식지

33   사람과 재산에 위해를 끼치는 동물을 몰아내어 없앰.

가 조금 더 넓고, 개체 수가 좀 더 많을 뿐 사정은 사향노루보다 크게 나을 것이 없다. 호랑이와 표범은 가끔 보았다는 사람은 있지만 확실한 서식 증거는 없다. 대륙사슴은 인제군과 지역 주민이 꾸준히 복원 노력을 펼쳐 왔지만 최근 몇 년간은 답보 상태다.

이 중 산양, 사향노루, 반달가슴곰은 DMZ 일대를 근거지로 삼아 살아가고, 호랑이, 표범, 대륙사슴은 국내에서는 더 이상 보이지 않고 북쪽에 일부 남아 있다. 이참에 DMZ 일대를 멸종 위기에 내몰린 한반도 대형 포유동물의 자연적인 복원 구역으로 설정하면 어떨까! 특히 DMZ 내부에 멸종 위기 야생동물 자연 증식장을 조성하는 것이다. 단, 인공적인 시설물은 최소화하는 것을 원칙으로 삼자. 아예 인공적인 구조물은 설치하지 않는 것이 더 좋다. 향로봉에서 북쪽의 무산으로 이어지는 백두대간의 능선길에 교차하는 DMZ의 남방한계선과 북방한계선 철책을 열어 야생동물의 이동 통로로 활용하면, 오히려 인공 구조물을 줄이는 효과를 가져올 것이다.

물론 아직은 남북이 대치 상황이니 다들 어렵다고 생각할 수 있다. 그러나 현대의 첨단 과학이라면 경계 문제도 충분히 해결할 수 있을 것이다. 전 구간이 아니라 일부 구

(위) 인제 DMZ 내부 인북천
(아래) DMZ 너머로 펼쳐진 백두대간

간에서 철책을 없애고, CCTV를 비롯한 현대식 장비를 사용하면 된다. 또한 북한 지역에 서식하는 야생동물을 DMZ 내부에 방사하거나 백두대간을 따라 이동할 수 있도록 환경을 조성하는 방법도 있다. 그렇게 남북의 백두대간 생태 축을 복원하여 백두산에서 지리산까지 온갖 동물이 자유롭게 오갈 수 있도록 하자. 특히 설악산에서 금강산까지의 구간은 사람들도 자유롭게 오갈 수 있는 국제적인 자유 생태 관광로를 발굴하고, 지역 주민이 책임지고 안내할 수 있도록 하자.

남북 접경 마을을 생태 마을로 전환하자

DMZ 일원에 접한 남과 북의 접경 지역 마을을 생태 마을로 재생하는 것도 가능하다. 비료, 비닐, 농약에 의존하는 석유 농업 대신 유기농업으로 전환하고, 태양광, 바이오 등 지역의 자연 조건에 적합한 에너지를 기반으로 자립하는 것이다.

먼저 남쪽의 접경 지역에서 추진하고, 성공 사례를 북쪽에 적용하는 방식이면 좋을 것이다. 화학비료, 비닐, 트랙터 연료 등 현대 농업은 하나에서 열까지 모두 석유를 토대로 한다. 농산물을 피땀 흘려 생산해도, 판매액의 70퍼센트 이상은 경영비 즉 농자재 비용으로 빠져나가고, 농민에게는 고작 30퍼센트만 남을 뿐이다. 특히 북한은 석유 등의 자원이 부족하니 지속 가능한 유기농업으로 전환하는 것이 식량의 자급자족을 달성하는 데 유리할 것이다. 남한도 마찬가지다. 석유 한 방울 나지 않고, 전량을 수입한다. 식량 자급률도 고작 23퍼센트에 불과하다. 자급률로만 보면 북쪽이 훨씬 높다. 남한 역시 지속 가능한 유기농업으로 전환해야 한다. 기후 위기의 시대, 내일 당장 식량 위기가 불어닥쳐도 하나도 이상할 게 없는 상황이 되었다. 탄소 중립에 기여하고, 식량난 해결에도 도움이 될 수 있는 지속 가능한 유기농업으로 하루빨리 전환해야 한다.

두 번째로 에너지 전환이다. 우리나라는 OECD 국가 중 이산화탄소 배출 증가율이 1위이고, 배출량은 세계 7위이다. 우리나라 사람처럼 살려면 지구가 3.5개 필요하다고 한다. 온실가스 배출을 줄이기 위해 우리는 전기 사용량을 줄이고, 전력 생산 에너지원을 석탄, LNG, 원자력에서 재생 가능 에너지로 전환해야 한다. 우리나라는 OECD 국가 중 재생 가능 에너지 비중이 가장 낮다고 한다. 이제 남북의 접경 지역에서 〈자연 에너지 자립〉을 선언하고, 햇빛, 바람, 물, 바이오매스 등 자연 에너지로 에너지 전환을 실천해 나가야 한다.

마지막으로 DMZ 일원의 생태계 보전을 위해 〈남북 공동 DMZ 생태연구 협력 센터〉[34]를 제안한다. DMZ 일원은 산악 지대, 초지, 내륙 습지, 하천, 한강 하구, 해양 등 다양한 생태계가 공존하며 멸종 위기 야생생물의 보물 창고이다. 인간의 출입이 제한된 채 70여 년의 시간이 지나면서 하천은 자연스럽게 굽이굽이 돌아가고, 논은 습지로 밭은 숲으로 변하였다. 환경부에서 지정한 멸종 위기 야생생물 239종 중 102종이 살고 있다. 우리나라 국토 면적의 1.5퍼센트에 불과한 공간에 멸종 위기종의 42.7퍼센트가 분포한다. 지뢰를 피해 군인들이 다니는 길을 중심으로 제한적으로 조사한 결과이기 때문에 더 놀랍다. 사람들의 출입이 제한된 사이 자연 스스로의 힘으로 위대한 복원과 보전을 이룬 셈이다. 앞으로 30년이 지나면 100년이 되고, 시간이 흐를수록 자연의 가치는 더 향상될 것이다. 세계적으로 DMZ 공간만큼의 넓은 지역이 인간의 출입이 극히 제한된 채 70여 년의 시간이 흐른 곳은 매우 드물다. 이제 DMZ 일원의 생태계는 한반도를 넘어 전 세계인이 주목하고 있다.

34   최태영, 「DMZ 생태계는 어떤 특징이 있을까?」, 국립생태원, 2021

『2010 DMZ 일원 보전·이용 지역 설정 및 가이드라인 수립 연구 결과』에서 DMZ 내부는 절대 보전, 민간인 출입 통제구역은 철저하게 보전해야 한다는 의견을 언급했다. 북쪽의 DMZ 일원의 생태계 현황은 제대로 알려져 있지는 않지만, 남쪽의 DMZ 일원 생태계에 버금가는 가치를 지니고 있을 것이다.

우선 DMZ 내부는 절대 보전 지역으로 정하고, DMZ에 접한 지역, 남쪽의 민간인 출입통제구역과 같은 곳은 생태 관광 등의 현명한 이용을 제외하고 철저하게 보전토록 해야 한다. 그리고 종전 협정이 체결되면 전면적인 생태계 정밀 조사를 수행하고, 그런 후에 남북 평화와 소통, 연결을 위한 최소한의 사업을 추진해야 한다. 시간을 두고 천천히 DMZ 일원의 보전과 현명한 이용을 검토해야 이곳의 난개발을 막고 평화적으로 이용할 수 있다. 섣불리 DMZ를 건드리지 말고, 30년 정도 후로 보전과 이용의 구체적인 실행 권한을 넘겨주는 것도 방법이다. 세대 간의 평등도 고려하여 현세대에서 모든 것을 다 관여하지 말았으면 한다.

다만 주민이 살고 있는 접경 지역은 지금부터라도 지속 가능한 발전을 위해 다양한 정책과 사업을 실행하고, 오랫동안 군사적·환경적 규제로 묶여 낙후된 지역의 삶의 질을 개선해야 한다. 단, 지방정부와 지역 주민의 의견을 충분히 듣고 반영하는 것을 전제로 해야 한다.

그리고 국제 사회에 DMZ 일원의 생태적 가치와 남북의 생태 평화적 협력을 알리기 위해 유네스코의 보전 지역으로 지정하는 일이 필요하다. 세계유산 등재가 까다롭고 시일이 오래 걸린다면, 유네스코 생물권보전지역을 추진하는 것도 방법이다. 특히 동부 지역은 설악산 생물권보전지역, 강원 생태평화 생물권보전지역, 금강산 생물권보전지역 등 설악산에서 금강산까지 연결되어 있어, DMZ 내부만 추가로 지정된다면 남북의 설악과 금강을 연결하는 생물권보전지역 벨트가 만들어진다. 이는 정부와 민간, 국제 단체에서도 오래전부터 제안했던 정책이다. 그리고 설악-금강 생물권보전지역 벨트를 따라 국제적인 생태 관광 자유 지대를 설정하고 이 구간만은 비무장 지대를 넘어 자유롭게 오갈 수 있도록 하는 것이다. 휴전선을 지나는 것이 관건인데, 남북의 합의와 유엔사의 승인도 받아야 하기 때문이다. 그래도 DMZ의 군사적 부분에 대해서만 유엔사의 허가가 필요하다는 해석이 있으니 생태적 협력과 자유 생태 관광은 좀 더 가능성이 있지 않을까 싶다.

남북의 생태 협력은 다른 무엇보다 우선해야 한다. 가장 기본이 되어야 하고, 모든 남북 협력 사업의 바탕이 되어야 한다. 사업 추진의 기준이 되고, 지침이 되어야 한다. 모든 남북 협력 사업에 있어 환경영향평가를 의무화하고, 북한에서 이루어지는 모든 사업에 있어 대한민국 법률 이상의 환경 기준을 지키도록 해야 한다.

이를 위해 가칭 〈한반도 생태 공동체 보전·복원 남북 공동위원회〉를 만들면 어떨까 제안한다. 기후 위기 극복과 대응, 백두대간과 DMZ 일원 광역 생태 축 복원과 보전, 멸종 위기 야생생물 보전, 한반도 토종 종자 보전 증식, 지속 가능한 발전 등 한반도의 생태계 보전과 복원을 위한 각종 활동을 총괄하는 실질적인 기구를 설립하자. 그리고 산하에 분야별 소위원회를 두어 명실상부 한반도의 생태 공동체 건설의 기반을 튼튼하게 만드는 것이 본격적인 생태 협력의 시작일 것이다.

맺음말
한국DMZ평화생명동산

한반도 통일의 모습을 그려 본다

우리의 통일은 남과 북이 하나가 되는 일이자, 한계에 부딪혀 갈 길을 잃은 현대 문명에 새로운 길을 여는 민족의 대업이다. 인류의 희망이 될 한반도 통일은 우리 스스로의 노력과, 양심적인 세계 인류의 연대로 이룩되는 역사상 초유의 위업이 될 것이다. 19~20세기의 제국주의와 제2차 세계대전의 잔재와 적폐를 종결짓는 일이며, 그렇기 때문에 지금도 고통을 겪고 있는 아시아, 아프리카의 수많은 형제자매들에게 힘과 희망이 될 것이다. 내부가 먼저 통일을 이루어야 한다. 국가 형태에 얽매이지 않는 부드러운 통일을 이루어 내고, 나아가 온 누리에 퍼진 한겨레의 지구촌 협동망을 통일하는 과정에서 우리 민족은 새로운 존재 양식을 창조하게 될 것이다.

우리의 통일은 자본의 세계화, 하늘과 땅과 물의 생명력을 수탈하는 생산·소비·폐기의 문명을 극복하는 통일, 그리하여 새로운 사회와 문명을 여는 통일이어야 한다. 사람과 사람, 사람과 자연이 공존 공영하는 세상을 꿈꾸는 한국인들이 세계 시민과 지구 공공심을 가진 인류 형제자매들과 함께 새로운 지평을 향해 전진해야만 한다.

남북 평화의 모습을 생각해 본다

남북의 평화는 한반도 생태 공동체의 보전과 복원을 토대와 기조로 삼아야 한다. 남북 정상 회담, 군사 회담, 산림 회담, 철도·도로 연결, 금강산 관광 재개, 개성 공단 재가동, 체육 문화 교류 등 이 모든 것은 한반도의 평화를 위해 무엇보다 중요하다. 한반도 평화의 목표와 목적은 무엇인가? 한겨레의 안전과 공존·공영이고 동북아의 평화 공존이다. 우리의 안전은 당면한 북한 핵무기와 군사적 위협에서 해방되는 일에서 시작하고, 한반도의 뭇 생명과 공존 공생하는 일로 완결될 것이다.

그러나 북한의 핵무기가 없어지고 더 나아가 지구상의 핵무기가 다 없어진다 하더라도 하늘이 죽어 가고, 바다와 하천이 죽어 가고, 땅이 죽어 가면 결국 한민족은 물론 인류는 존망의 위기에 처할 것이다. 따라서 남북의 협력 사업과 대북 지원 사업의 기조는 한반도의 생태계를 보전·복원하는 것이어야 한다. 북한의 싼 임금과 토지 자원, 지하자원을 집중 개발하려는 짧은 생각과 정책은 우리 민족의 안전과 백년대계를 위해 근본적으로 재검토되어야 한다. 우리는 북녘의 산과 들, 강과 바다의 생태계를 살려 내는 것이 바로 남녘의 뭇 생명을 살려 내는 것과 직결돼 있음을 확인하고, 한반도의 모든 생명체의 안전 곧 한반도 생태 공동체를 제대로 보전·복원하는 일에 최선을 다해야 한다. 이것이 바로 새로운 사회, 새로운 문명으로 가는 생명 사회, 생물 문명의 경제적·사회적·문화적 토대이다.

평화 시대를 여는 DMZ 일원에 대한 정책에는 엄정한 원칙과 방침이 선행되어야 하고, 온갖 개발 구상과 계획은 그 원칙과 방침에 따라 재검토·재계획되어야 한다. 먼저 DMZ 일원이 민족의 평화에 결정적으로 기여하고 접경 지역 주민들의 참된 복리에 보탬이 되려면 〈생명과 평화가 하나〉라는 인식과 실천이 있어야만 한다. 탐욕스럽고 천박한 자본이 사람들을 피폐하게 하고, 자연의 생명력을 파괴하여 종당에는 인류의 종말을 촉진하고 있다. 우리는 이러한 현실에 대해 강한 책임감과 분노를 통감해야 한다. 전쟁과 대결의 산물, 역사의 아이러니가 낳은 한반도 생태계의 보고인 DMZ 일원에 대한 기본 철학은 아래와 같이 설정되고 실천되어야 한다.

첫째, DMZ 지역은 필수 불가결한 사유를 제외하고는 절대적으로 보전해야 한다. 둘째, 민간인 출입통제구역은 생물 자원의 조사, 연구, 복원, 증식, 생태 관광 목적 이외에는 철저히 보전되어야 한다. 셋째, 접경 지역을 생명에 이롭고 평화에 도움이 되는 지속 가능한 공동체가 되도록 노력한다. 다만 DMZ 일원을 생명·평화의 공동체로 만들려면 사고와 정책의 대전환이 필수적이다. 우선 DMZ 정책은 국가, 자본, 전문가보다는 평화와 생명을 중시하는 국내외 평화 애호 시민들의 경험과 뜻과 노동의 참여를 중시해야 한다. 그리고 접경 지역 주민들에 대한 정책의 기조와 핵심은 그들이 스스로의 운명을 개척할 수 있도록 도와주는 지식, 문화 정책이어야 하고, 이를 통해 DMZ 일원 전체가 생명 산업화되는 종합적인 대전환을 이루어야 한다. 이를테면 접경 지역 전체의 농업, 축산업, 임업을 전면적으로 유기농화하고, 유기농과 태양광 발전 사업을 통합하는 일 같은 것이다.

미래는 저절로 오지 않는다. 우리가 선택하고 창조하는

것이다. 우리는 참으로 큰 꿈을 꾸어야 하고 스스로, 함께,
꾸준히 그 길을 열어 가야 한다.

저자 소개

- (사)한국DMZ평화생명동산

  DMZ 일원의 생태·문화·역사적 가치와 평화·생명·통일·민주주의의 소중함을 가르치고 배우는 곳이다. 2009년 9월 강원도 인제에서 개관한 이후 1,800여 개 기관과 단체, 100여 개 나라에서 군인, 학생, 지역 주민, 공무원, 시민, 외국인 등 6만여 명이 다녀갔다. 현장에서 주민들과 함께 DMZ 일원을 〈좀 더 평화롭고 생명에 이로운 고장〉으로 만들기 위해 노력하고 있다. 생명의 열쇠로 평화의 문을 열어 한반도를 넘어 전 지구촌이 〈생명·평화 공동체〉가 되는 날을 꿈꾼다.

- 김담 (고성군 문화재단 이사)

  강원도 고성에 거주하고 있다. 분단이 빚어낸 상처와 지역의 숲과 자연 생태 등을 탐구하며 지내고 있다. 지은 책으로 『숲의 인문학』, 『윈드 오브 체인지』, 『기울어진 식탁』 등이 있다.

- 김순래 (강화도시민연대 생태보전위원장, 한국습지NGO 네트워크 운영 위원장)

  갯벌, 철새에 관심을 가지고 생태 환경 교육을 시작했으며, 현재는 습지 보호구역 관리, 접경 지역의 남북 공동 보전 방법, 습지와 철새 보호를 위한 국제 협력에 관심을 가지고 활동하고 있다.

저자 소개

- 김승호(DMZ 생태연구소 소장)

  2004년부터 매주 1회 DMZ 일원의 생태 조사·교육을 실시하고, 매년 서부 DMZ 멸종 위기 동식물 보고서를 발간한다. 국무총리실 접경 지역 정책심의위원, 환경부 자문위원, NGO 협력 활동을 하고 있다.

- 박정운(인천녹색연합 황해물범시민사업단장)

  2019년에 점박이물범이 서식하는 백령도로 이주하여 지역 사회를 중심으로 점박이물범 보호 활동을 하고 있다.

- 백승광(연천지질생태네트워크 활동가)

  연천 DMZ 생태 보전 활동을 하고 있으며 DMZ 생태 해설사와 한탄강 세계지질공원 해설사, 문화재청 한문화재 지킴이(두루미 보전, 물거미 서식지 보전) 활동을 하고 있다.

- 송재진(생태평화한걸음 사회적협동조합 이사장)

  한강 하구 민간인 출입통제구역 습지 조사. 생태교육을 통해 사람과 생물과 생태 문화 다양성에 대한 이해와 관심을 높이기 위해 노력하고 있다.

- 한상훈(한반도야생동물연구소 소장)

  1989년 접경 지역 야생 동물 조사를 시작하여 현재 천연기념물 사향노루와 반달가슴곰 조사·보호 활동을 하고 있다. 지리산 반달가슴곰 종 복원 사업 복원팀장, 국립 생물자원관 동물자원과장으로 재직했다.

손안의 통일 ⓮

DMZ를 보고합니다

발행일 2021년 12월 30일 초판 1쇄

지은이 (사)한국DMZ평화생명동산 외
발행인 홍예빈·홍유진
발행처 주식회사 열린책들

경기도 파주시 문발로 253 파주출판도시
전화 031-955-4000 팩스 031-955-4004
www.openbooks.co.kr

Copyright (C) (사)한국DMZ평화생명동산, 김담, 김순래, 김승호, 박정운, 백승광,
송재진, 한상훈, 2021, *Printed in Korea.*
ISBN 978-89-329-2198-3 04300 ISBN 978-89-329-1996-6 (세트)